キャンプ論
あたらしいフィールドワーク

加藤文俊
KATO Fumitoshi

Good!
Sept.
at Arakawa

慶應義塾大学出版会

キャンプ論　あたらしいフィールドワーク

目次

はじめに――「キャンプ」という試み ……………………………… *1*

1 なぜ「キャンプ」が必要なのか

1 「キャンプ」とは何か ……………………………………………… *9*
　「創造力」を求めて／「キャンプ」というアプローチ／
　形式にとらわれない集まり

2 現場に出かけることの重要性 …………………………………… *19*
　直接体験から学ぶ／五感を動員する／
　フィールドワークの考え方

3 「キャンプ」の可能性 …………………………………………… *29*
　「言えるけどできないこと」が、たくさんある／
　頭と身体をつなぐ／「キャンプ論」に向けて

2 どのように「キャンプ」をはじめるか

1 見慣れた「日常」から抜け出す ………………………………… *41*
　経験学習としてのフィールドワーク／
　フィールドワークにおける学習プロセス

2　フィールドワークをはじめる……………………… 49
まちは刺激に満ちている / 場数を増やす /
「問題解決」から「関係変革」へ

3　「キャンプ」の思想 ……………………………… 66
できるだけ現地で調達する /「グッドプレイス」をつくる /
「あちら側」を活用する

4　継続することの重要性 …………………………… 77
つぎにつなげる / メディアとネットワーキング /
ギャップを知ること

3　「キャンプ」とメディア

1　記録のための道具 ………………………………… 88
ケータイに何ができるか / セルフドキュメントへの欲求 /
フィールドワークのための「メモ術」

2　ケータイで調査する ……………………………… 99
考現学の発想 / モバイルの利点を活かす /
装備としてのケータイ

3　調査者という役割の変化 ………………………… 112
共有すること・続けること /
みんなで調べることに意味がある / データを使いこなす

4　「キャンプ」のためのトレーニング

1　ケータイをもって、まちに出よう ……………… 125
①自分で近づく / ②くり返す / ③集める /
④まわりを見る / ⑤多面的に見る / ⑥規則性をさがす /

⑦時間を読みとる / ⑧同時に撮る / ⑨影を見る /
⑩吹き出しをつける
2　おなじだけど、ちがう毎日 ………………………………… *153*
生活のなかでフィールドワークを習慣づける /
発見しない、という発見

5　「つながりかた」を考える

1　「場所」のデザインに向けて …………………………… *157*
「移動大学」の試みに学ぶ / 道具づくり・組織づくり /
これからのサバイバル精神
2　「キャンパス」と「キャンプ」 ………………………… *171*
よそ者・若者・バカ者の役割 / 大学生の居場所 /
あたらしい「教室」をつくる
3　「キャンプ」を続ける ……………………………………… *183*
旅は出会いに満ちている / リサーチキャラバン /
長い関わり (long engagement)

6　フィールドワークの「創造力」

成果を地域に還すということ …………………………………… *195*
「ちいさなメディア」の役割 ……………………………………… *199*
「キャンプ」で学ぶ ………………………………………………… *208*

おわりに──そして「キャンプ」は続く ……………………………… *211*
参考文献・資料 ………………………………………………………… *214*

はじめに
──「キャンプ」という試み

　この10年で、私たちをとりまく環境は、大きく変化してきた。情報化は、私たちのコミュニケーションのあり方を変容させ、あたらしい「つながりかた」が、ますます重要になりつつある。絶え間なく生み出される、膨大な視覚情報によって、私たちの「頭」ばかりが肥大化し、「足」がおろそかになっていることが指摘される。めまぐるしい変化に対応できる、たくましくて身軽な現場感覚が求められているのだ。たとえば、これからのオフィスや大学、暮らしのあり方も、こうした現状をふまえて考えていかなければならない。私たちにとって、「現場」とは、いったいいかなる存在なのだろうか。そして、現場感覚を身につけるには、どうすればよいのだろうか。こうした問題意識をいだきながら、学生たちとともに、「現場」へ、大学の外へと向かうことにした。

　本書で提案する「キャンプ」というアプローチは、あたらしい学習環境のデザインに関わるものである。それは、フィールドワークとよばれる調査の方法を、あらためてとらえなおす試みである。ふだんの生活をしばし離れて外に出たり、見知らぬまちを訪ねたりすることは、私たちを新鮮な気持ちにしてくれる。その意味では、とにかく意識的に、外に向かうことからはじめてみたい。あまり気負うことなく、少しずつ「キャンプ」を実

践すればいいのだ。だが同時に、「キャンプ」における活動は、デザインされるべき対象として考えられている。あたえられた「キャンプ」の時間のなかで、参加者は何を考え、何を学ぶのか。出かけた先で何をするか。誰と関わりをもつのか。「キャンプ」は、私たちのコミュニケーションをデザインすることと密接に関わっている。

　何らかの制約に向き合うとき、私たちは、あたらしい表現の可能性を模索する。制約が弱すぎると、何をしていいのかわからなくなり、緊張感のない「キャンプ」になる。逆に、あまりにも細かく、丁寧に活動内容が指定されると、退屈な「キャンプ」になるかもしれない。適切なプレッシャーと制約があたえられたときにこそ、私たちの創造性が刺激されるはずだ。実際には、どのような展開をするかはわからないながらも、私たちが集い、語らうための「場所」をデザインするという課題に取り組むことになる。

　「キャンプ」を計画するためには、持ち物や道具について考えておかなければならない。本書では、メディア機器の利用について、ある程度のボリュームを割いて論じている。とくに、高機能化する携帯電話（ケータイ）を、私たちの目指す「キャンプ」というアプローチに必要な、ひとつの装備として位置づけている。言うまでもなく、ケータイは万能ではない。また、ケータイの登場によってさまざまな問題が生じ、社会問題として認知されていることも事実だ。だが、誰もがケータイをポケットやカバンに入れて持ち歩き、かつそのちいさな端末をつうじて、さまざまな情報へのアクセスが容易になっている状況をふまえると、私たちのコミュニケーションや社会関係のあり方は確実に変容しつつあると言えるだろう。

コミュニケーションが重視される「キャンプ」について語る際には、メディアの問題を切り離すことはできない。ケータイをはじめとするモバイル機器を介して、つねに呼び出し可能だという関係性を前提にしたとき、フィールドワークはどのように変わるのか。また、多くの人が日常的にフィールドワークを続けることによって、知識の生成や、〈モノ・コト〉を理解する方法は変わるのだろうのか。

　いまや、指先で画面をなぞるだけで、データを取得したり、送信したりすることができるようになり、「あちら側」との連係は、格段に容易になった。ケータイをめぐるさまざまな議論はあると思うが、「キャンプ」は、あたらしいフィールドワークを志向し、「ケータイをもって、まちに出よう」という呼びかけである。自分の目でまちを眺め、足で地面を感じながらも、現場でのつぶやきが、すぐさまネットワークを介して、多くの人びとと共有される。情報が、幾重にも重なって、まちや地域は多様で流動的な姿で立ち現れてくる。これからは、〈いま・ここ〉の実感と「あちら側」とのバランスや、広い意味での情報の編纂能力が、問われることになるだろう。

　また、「キャンプ」をつうじて、私たちは、人との関わりが重要であることを再認識する。それは、ふだんは見せない自分をお互いに露呈する「場所」であり、場合によっては、より人間らしい側面を確認し合う機会にもなる。「キャンプ」では、それぞれが自律しながらも、協力して課題に向き合わなければならない。それは、単純な分業ではなく、各自が交渉や調整をおこないながら、自分の適切な居場所を見つける必要がある。その意味で、「キャンプ」をつうじて、私たちは共同作業のためのルールづくりを学ぶことにもなる。誰もが、慣れない土地で、はじめての課題に直

面するので、本当の意味での知恵や経験、そして即興的なセンスが問われるはずだ。

　筆者は、大学の教員という立場であるから、もっぱら、学生たちとの活動をつうじて「キャンプ」について考えてきた。とくに、大学生の役割という観点からは、あらためて大学と地域との連携のあり方について考えさせられた。後述するように、学生たちの集まりは、つねに新陳代謝をくり返す、特殊な集団として理解することができる。この類いまれな性質を持ったグループの強みを活かすための仕組みづくりが、「キャンプ」をつうじて追求すべき重要なテーマである。

　学生たちとともにフィールドワークをすすめていく過程で、大学と、まちや地域コミュニティとの関わりについて考えるうちに、従来型の「教室」はいささか窮屈なのではないかと思うようになった。ちいさな旅を重ねていくプロセスは、いつも出会いに満ちていて、柴又（東京都）にはじまり、金沢（石川県）、坂出（香川県）、函館（北海道）、宇宿（鹿児島県）、佐原（千葉県）、豊橋（愛知県）、小諸（長野県）、家島（兵庫県）と、旅で育まれた「つながり」を辿りながら、いまなおフィールドワークは続いている（189ページ参照）。それぞれの地域に、魅力的な「場所」を見つけることもできた。まちを想い、エネルギッシュに活動する人びとにも数多く出会った。そして、私たちが、現場をめぐって考えていくべき課題の特質が、いくつかあることがわかってきた。

　まず、現場を目指し、まちに出かけるとき、私たちは、つねに「よそ者」でしかない。プロのフィールドワーカーを志す想いはあっても、自分たちが行きずりの訪問者だという点を忘れずに、立ち位置を決めることが

重要である。言うまでもなく、まちや地域を理解するためには、ある程度の時間をかけて、継続的に関わるのが望ましいのだが、大学生がゼミに入ってからおこなうフィールドワークは、同じ場所に通い続けたとしても、せいぜい２年ほどである。ましてや、一泊二日の調査旅行ともなれば、ごく表面的な事柄にしか触れることができない。これを、学生によるフィールド調査の制約や限界と考えるか、それとも、ユニークな機会だと考えるか。大学生にしか持ちえないまなざしを大切にしながら、まちに滞在する時間が短いこと自体を、何らかのかたちで強みとして活かす方法はないのだろうか。解散を前提とした参集は、〈その時・その場〉での出会いの意味を際立たせるはずだ。もちろん、旅先での出会いが長きにわたる「つながり」へと育っていくこともあるだろう。まずは、限られた時間のなかで、誰とどのように過ごすかに意識を向けると、よい緊張感とともにまちや地域を見つめることができる。

　また、素朴なことながら、学生たちが、フィールドワークに出かけた先で、地域の人びとと言葉を交わす経験はとても貴重なものである。学生たちも、フィールドワークを重ねるたびに、少しずつたくましくなっていくように見える。最近は、かつてのような地域コミュニティは消失し、隣の家や近所の出来事には無関心になりがちだと言われている。凄惨な事件も、数多く報道されている。そのような状況のなか、初めて訪れる土地で、見知らぬ人と接するには、度胸が必要なはずだ。だが、幸いなことに、大学生という身分が、安全で愉しいフィールド調査の実現を可能にしているようだ。これまで訪れたまちや地域では、「よそ者」として温かく迎えられ、多くを学ぶことができた。

　重要なのは、私たちがフィールドワークで直面するのは、現場のリアリ

ティだという点である。フィールド調査の実習として、あらかじめ周到に準備をしておいても、現場では何が起こるかわからないので、即興的に状況を理解し、行動に結びつける必要がある。私たちは、物理的な環境についても、その場でいろいろと思案しながら、もっとも適切だと思われる設(しつら)えに組み替えなければならない。人との関係性も、「場所」づくりの方法も、少なからぬ部分は、〈その時・その場〉の判断に委ねられているのである。

　フィールドワークに出かけるときは、いつもとちがう気分になる。とりわけ調査旅行の場合は、たとえ期間が短くても、ふだんの生活からしばし離れるというだけで、私たちは、特別な時間が流れることを期待する。その意味で、日々くり返されているような規則的なスケジュールは存在しない。形式にこだわる部分はあるものの、多くの活動は、現場の状況に応じて設計される。自由な雰囲気があるため、たとえば学生と教員とのコミュニケーションのあり方も、ずいぶん変わる。教室や研究室などの決められた空間ではなく、まちを歩きながら、あるいはコーヒーを飲みながら、フィールドワークについて語ってみる。リラックスした時間は、いつも創造的である。私たちは、柔軟な発想やヒラメキは予期せぬ形で、そしてしばしばインフォーマルな場所で生まれることを経験的に知っているのだ。

　その観点からは、新しい出会いを誘発し、きっかけづくりとなるような、インフォーマルな場所を、積極的につくっていくことが求められる。結局のところ、私たちに求められているのは、創造力である。そして、創造力を育むためには、現場に出かけて、分断されてしまった思考と行動を結び直す努力が必要になる。もちろん、ただやみくもに現場を目指せばよい、というわけでもない。創造力を培うのにふさわしい「場所」がある

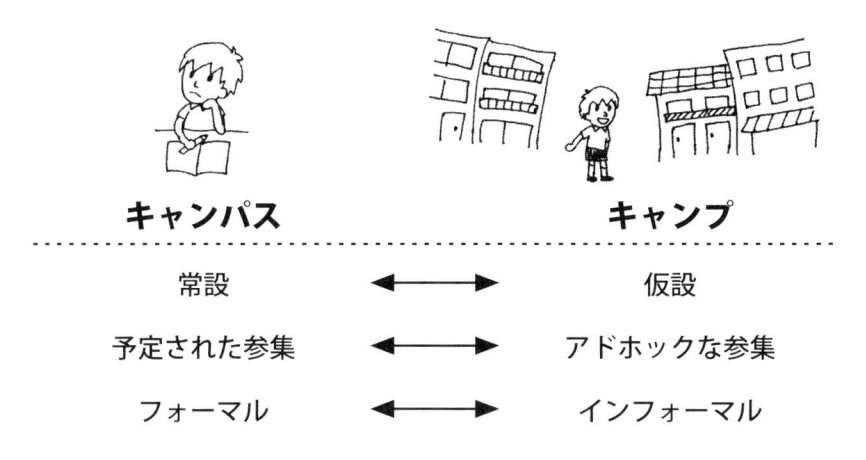

キャンパス	キャンプ
常設	⟷ 仮設
予定された参集	⟷ アドホックな参集
フォーマル	⟷ インフォーマル

〈「キャンパス」と「キャンプ」〉
—— 「キャンプ」は、あたりまえになりすぎた日常の時間、空間を再編成し、コミュニケーションや社会関係についてあらためて考え、自分の実行力を問い直すための仕組みである。

からだ。それは、たんに物理的な要件によって実現される空間ではなく、適切な道具立てとともに、豊かなコミュニケーションが生み出される「場所」である。

　本書では、変化の激しい時代において、自分の立ち位置を確認し、行動に活きる知識を体得することの意味と方法について考えてみたい。それは、フィールドワークを中心的な活動に据えながら、自分の想い描く未来に向かって、アイデアを実行する能力を身につける試みである。あたりまえになりすぎた日常の時間、空間を再編成し、コミュニケーションや社会関係について、あらためて考え、自分の実行力を問い直すための仕組み

を、「キャンプ」として構想したい。

　そもそも、「キャンプ（camp）」も「キャンパス（campus）」も、「平らな場所、広場」を意味する、ラテン語の「カンプス（campus）」から派生している。いずれも、人びとが集い、コミュニケーションが発生する「場所」だ。大学の外へと向かうことは、すなわち、「キャンパス」から「キャンプ」へという、方向転換である。もちろん、大学だけにかぎられるものではない。創造力を育むためには、オフィスから、あるいはリビングルームから、外に出て、「キャンプ」をはじめるのだ。「キャンプ」として巧みにデザインされた時間、空間は、私たちの創造性を刺激し、密度の高いコミュニケーションを実現する。多様な知識や知恵がぶつかり合い、現場に活かすための創造力を醸成するのが「キャンプ」である。本書は、日常生活の身近なところで「キャンプ」をおこない、〈モノ・コト〉のあたらしい理解を創造するきっかけづくりになることを目指している。

1 なぜ「キャンプ」が必要なのか

1 「キャンプ」とは何か

◆「創造力」を求めて

　私たちは、日常の業務でも、また学校の課題などでも、創造性を発揮するように言われることが多い。なんとかアイデアを出したつもりでも、企画書は「面白くない」と評される。十分に調べ物をしたつもりでも、「新規性はどこにあるのか」と問われ、さらに、「現場のことをわかっていない」と言われてしまう。もちろん、面白さはすべてではないし、企画を通すことだけを目指しているわけでもない。しかしながら、よりユニークで、人びとに受け入れられるような考え方、ものの見方を持ちたいという、素朴な欲求があることも確かだ。このように、組織や学校、さらには社会からの要請さえ感じながら、私たちは、「創造力」を追求する。それは、自分たちが、さまざまな問題に向き合うために必要な、アイデアやセンスを持ち合わせていないという意識（あるいはコンプレックス）によるものだが、逆に、私たちの知識への欲求の高さだと理解することもできる。創造力への関心は尽きないのである。創造力は、どのように身につけることができるのか。そもそも、創造力を身につけるための方法などあるのだろうか。簡単な問題ではないことを承知で、本書では、創造力を育むためのものの見方や仕組みづくりについて、考えてみたい。

『発想法』（川喜田二郎，1967）や『アイデアのつくり方』（ジェームス・ヤング，1988）をはじめ、アイデアをつくるためのコツやヒントが書かれた本は数多くある。たとえば『スウェーデン式　アイデア・ブック』（フレドリック・ヘレーン，2005）では、私たちの創造性を高める場所として、「4つのB」を挙げている。バー（Bars）、バスルーム（Bathrooms）、バス（Buses）、そしてベッド（Bed）である。なるほど、これらは説得力がある。自分の経験をふり返ってみても、このような場所で、アイデアが浮かぶ（浮かんだと思える）ことは少なくない。実際に、通勤途中のクルマのなかで、ふと何かに気づくことがあるし、眠りについて、夢うつつの状態で、思いつくアイデアもある。私たちの創造性が高まるのは、必ずしも、本を読んでいるときでも、あるいはコンピューターの画面に向かっているときでもないのだ。オフィスや教室以外の場所で、多くのアイデアが生み出されている。

　言うまでもなく、このような頭が冴える場所は、物理的な側面だけで理解するべきものではないので、その場所で、私たちがどのような時間を過ごすか、どのような状況かを考えてみなければならないだろう。仕事にかぎらず、プライベートな時間であったとしても、できるかぎり、（自分なりに）頭が冴える場所で過ごすようにすれば、創造的な思考も、また具体的な実践も生まれやすくなるにちがいない。そして、もし身近なところに、このような場所が見つからないときは、自分でつくればよいのである。創造力は、「場所」の問題とともに考えるのがよさそうだ。

　私たちは、たとえば通勤、通学の時間は、一人で過ごすことが多い。家と、職場あるいは学校との往復に費やす、少なからぬ時間を埋めるために、電車やバスでの過ごし方をいろいろと工夫している。新聞や本、音楽

プレイヤーなど、自分なりに意味のある時間をつくるための道具をそろえる。あるいは、眠ったり、入浴したりする場合でも、その時間を快適に過ごせるように、いろいろな準備や段取りを考える。その意味で、私たちが日常生活のなかで、自分で居心地のよい場所をつくることは、さほど難しいことではないかもしれない。とりわけ、一人だけの場所であるならば、自分の想いのままに、こだわりの場所のための工夫はできるはずだ。

　だが、職場でも学校でも、私たちは、ずっと一人で過ごすわけではない。プロジェクト型の業務であれば、誰かと一緒にチームを組んで、ある一定期間はひとつの仕事に取り組むことになる。学校でも、グループ作業を求められることはめずらしくないだろう。つまり、一人で過ごすための場所だけではなく、誰かとともに過ごす場合の創造性についても考える必要がある。近年の、オフィスや学校などにおける空間デザインへの意識の高まりは、まさに、誰かと一緒に過ごす「場所」に関心をいだいているからだ。

　自分一人ではなく、誰かと一緒に過ごすときは、コミュニケーションの重要性が、とくに際立つことになる。大切なのは、その場所で、一緒に過ごす人びととの関係性をどのようにつくるかという点なのだ。この際、私たちは、文字どおり、対面で人と向き合うことを考えがちだが、創造性という観点からは、むしろ、横に並んで、何かを一緒に眺めるという姿勢が好ましいのかもしれない。心理状態としても、人と対峙するのではなく、隣りに腰かける感覚である。まっすぐに向き合うだけだと、そこにはおのずと緊張関係が生まれてしまうし、集う人びとのあいだの力関係が、必要以上に表面化することにもなる。そして、直接、お互いを見るのではなく、何かを介して人と人とのコミュニケーションが実現するような状

況が、ゆるやかな関係性をつくり出す。とりわけ、会ったばかりのメンバーどうしの会合や、見知らぬ人との出会いを誘発するような「場所」には、人と人をつなぐ、きっかけが必要だ。わかりやすい形の「話の種（conversation piece）」があれば、ずいぶんスムースに会話がすすむ。

　たとえば、ごく身近なものとして、写真のアルバムを思い浮かべてみよう。一枚の写真を、誰かと一緒に眺めるという状況は、よくあることかもしれないが、じつは、そこでは、写真によって相手との距離感やコミュニケーションのあり方が、巧みに調整されている。いまでは、ケータイなどのメディア機器にたくさんの写真や動画が保存されているので、それを見せ合っている光景はめずらしくないだろう。いずれの場合も、アルバムやちいさな液晶画面が、人と人のあいだにあって、コミュニケーションを促進する。テーブルの上に並べられた資料をみんなでのぞき込んだり、同じ画面に向き合ったりすることでも、同様の関係性は実現されるだろう。話の種は、無形の場合も少なくないが、できるかぎり、形のある〈モノ〉として共有できることが望ましい。写真にかぎらず、ポストカードや簡単なゲームなど、さまざまな「ちいさなメディア」ともいうべきものが、誰かと一緒に過ごす「場所」で役に立つ。こうした〈モノ〉をふだんから持ち歩くようにしていれば、出先でも創造性に富んだ「場所」をつくることが容易になるはずだ。

　私たちが目指すのは、頭が冴えるような「場所」をつくり、そのなかで、創造的な活動を実現することである。もちろん、思考を刺激するためには、行動がともなわなければならない。それは、参与者たちが、ともに何かに向き合い、足を使いながら、行動と思考を一体化させることに取り組むような「場所」である。そして、その実現のために、中心的な役割を

果たすのがコミュニケーションである。

　本書では、こうした「場所」、そして「場所」づくりへのアプローチを、「キャンプ」という概念で整理してみたい。「場所」づくりなどと言うと、やや大げさに聞こえるかもしれないが、いま述べたように、ちょっとした座り方を工夫したり、ポケットのなかからケータイを取り出したりするだけで、私たちのコミュニケーションのあり方は変化する。「キャンプ」においては、一人ひとりの、自律的なふるまいが求められるが、自律するということは、人との接触を断つことではない。むしろ、誰かと一緒であるからこそ、自律が可能になるのだ。私たちは、自分をとりまく人びとや、〈モノ・コト〉との関係性を理解することをつうじて、はじめて、自分の存在を確認することができる。そして、私たちがつくるべきなのは、じつは、それ自体が居心地のよい「場所」ではないかのもしれない。むしろ、居心地の悪さが、「場所」を変えたいという動機づけとなり、行動を喚起するという考えにもとづいて、「キャンプ」はデザインされる。つまり、自分たちにとって、魅力にあふれ、創造力を刺激する「場所」づくりへの欲求が、「キャンプ」という実践をかたちづくるのである。

◆「キャンプ」というアプローチ

　「キャンプ」と聞くと、多くの人は、野営を思い浮かべるかもしれない。テントを持って出かける、いわゆるアウトドアの活動だ。本格的ではないにしても、私たちの多くは、おそらく、幼い頃に何らかのキャンプ体験をしているはずだ。たとえば、林間学校や野外学習などの一環として、仲間とともに、飯盒でごはんを炊いたり、星空を見上げたり、火を囲んで語ったりした思い出はないだろうか。本書のテーマである「キャンプ」

は、こうしたアウトドアの活動を指しているわけではない。昔をふり返って、ノスタルジーに浸ろうということでもない。「キャンプ」は、変化の激しい〈いま・ここ〉の時代においてこそ、私たちに求められている創造力を生み出す「場所」として構想されるものである。「キャンプ」は、人との関わり方、まちや地域の再発見、さらには自分自身の理解など、さまざまな学びの機会をつくり出す。そして、何度か「キャンプ」を経験すれば、さまざまな実践に移していくことができる。

　オフィスや教室を抜け出して、アウトドアで発想し、行動することが重要な位置を占めるが、それほど大げさな道具立ては必要ない。むしろ、「キャンプ」は、日常生活のなかで、ちょっとした気持ちの切り替えをすることで、私たちの毎日を見直し、「世界」を再構成していくやり方を学ぶためにある。それは、道具立てだけではなく、心のありようもふくめてデザインされるもので、思考や実践を支えるさまざまなモノ、そして参加者のふるまいが、相互に強固な関係性を結びながら、生み出される「場所」である。「キャンプ」には、さまざまなバリエーションが考えられるが、おおよそ以下のような性質を持ち合わせていると言えるだろう。

　まず、「キャンプ」は、ふだんの生活にくらべて、さまざまな制約があるという点が特徴的だ。「キャンプ」という集まりでは、人びとと出会い、時間をともに過ごすことになるが、やがては解散する。それは、解散を前提に、かぎられた時間だけ存在する「場所」である。もちろん、時間以外の資源もかぎられている。山や渓谷に出かけるキャンプと同様、身の回りは、いつもにくらべると、ずいぶん簡素だ。だが、そうした状況に身を置くことで、自分にとって本当に必要なものがわかる。フットワークを軽くするために、携行する持ち物を減らしていけば、結局のところ、自分

が持ち合わせている能力や方法を再考するきっかけにもなる。さまざまな制約条件のもとで、ある種の極限状態を経験するのである。たとえば、「キャンプ」において、何らかの課題に向き合うような場合、参加する人びとは、さまざまな創意工夫を試みる。資源がかぎられているので、間に合わせのものになってしまうこともあるが、それでも、あたえられた資源を前提に、自分たちの知恵やセンスを動員して、課題に取り組むのである。そこには、いつもとちがった時間が流れ、自分の思考と行動を結びつける機会をつくり出す。なじみのある、あたりまえとなったリズムやスピードでは理解することが難しい、非日常の「場所」をつくることで、「キャンプ」は、私たちの創造性を喚起するのである。

　また、「キャンプ」は、お互いの人間性が見える「場所」でもある。「キャンプ」では、参加者どうしが、お互いにあたらしい一面を見せ合うことになる。非日常の時間が流れ、必然的に、いつもとはちがった役割を担うことになるからだ。ある種の極限状態においては、力関係も意識せざるをえなくなる。つまり、一人ひとりの能力や方法が、わかりやすい形で表面化するのである。かぎられた資源によって制約され、単純化された環境であるからこそ、「キャンプ」においては、繊細さや、他人への思いやりといった人間性が、際立つことになる。当然のことながら、自分が、同僚や友人たちの知られざる一面を見るだけではない。私たちは、つねに〈見る＝見られる〉という関係性で結ばれているので、自分自身のある側面（あまり他人に見せたことのない側面）を露呈することにもなる。その意味では、「キャンプ」は、お互いに知られていない一面を見せ合うという、ある種のリスクを分かち合う「場所」として理解することもできる。

◆**形式にとらわれない集まり**

　最近、「部下手当」なる制度を導入している企業があるという。ある特定の人数の部下を持つ管理職には、特別に予算があたえられるものだ。用途は、部下とのコミュニケーションの費用で、なかには、一カ月に一度、必ず部下を連れて飲みに行かなければならない、と決まっている場合もあるそうだ。席次はくじ引き、お酌は禁止、上司は気を利かせて支払いを済ませて早めに帰途につくなど、さらに細かいルールが定められていることもある。これは、組織におけるコミュニケーションの活性化のための方策として考案されているもので、就業時間外のインフォーマルなコミュニケーションが、上司と部下、同僚とのつながりを維持、強化するのに役立つという考えにもとづいている。もちろん、食事の席や、アルコールが、リラックスしてうち解けた雰囲気をつくることは確かだ。だが同時に、わざわざ、このように制度を導入するということ自体は、組織内におけるコミュニケーションのあり方が、変容していることの表れだと言えるだろう。

　こうした制度は、本当に組織内のコミュニケーションを活性化し、人間関係の構築に役立つのだろうか。ひとたび、部署での飲み会が制度化されると、それは、もはやインフォーマルなコミュニケーションではなくなるのではないだろうか。上司からの誘いで飲みに出かけるのは、予期せぬタイミングで実現したときこそ、刺激的で記憶に残るのだ。あるいは、何かの節目には、事前に打ち合わせなどなくても、なんとなく、「帰りに一杯」という雰囲気になるものだ。お互いをわかっていれば、自然発生的に集まりができるはずだ。支給された手当をきちんと使い切ることが目的になってしまうと、上司や同僚と食事に出かけることさえ、業務の一環になる。決められたシナリオどおりにふるまい、勘定だけ済ませて所定の時刻

に退席するようでは、中途半端なコミュニケーションで終わってしまうことにはならないのだろうか。

　知人の大学教員に聞いたところ、ゼミの飲み会でも、出席が義務づけられているかどうかを確かめる学生がいるという。大学のゼミ活動の一環として開かれる飲み会なのか、それともインフォーマルな集まりなのか、それによって自分のスケジュール調整に影響がおよぶらしい。いろいろな節目に企画される歓迎会や送別会であれば、多少なりとも優先度の高い、ゼミ活動の一環として位置づけられる。いっぽう、教室で盛り上がった議論を、そのまま場所を変えて続けたり、その場のノリや流れで飲みに行ったりということは、ごく自然にあってもおかしくない。大学生なのだから、豊かに持ち合わせている時間を、存分に使うことができるはずだ。だが周りの学生を見ても、なぜか、いつも忙しいらしい。いろいろな予定や約束で、一日が細かく分断されていて、ノリや流れにゆるやかに身をまかせるほどの余裕はないようにも見える。

　もともと、「アフターファイブ」(あるいは「放課後」) と呼ばれる時間は、ちょっとした非日常の時間となって、私たちの五感を刺激していたはずだ。愚痴を聞いてもらうだけの時間かもしれないし、昼間のフォロー (言い訳や謝罪) がおこなわれる場合もある。それでも、お互いの理解を深めたり、あたらしい一面を発見したり、いつもとはちがう時間が流れることが期待されるのである。私たちは、日常生活のなかで、いくつもの役割を担っており、立場や状況に応じたコミュニケーションのあり方が、意識的、無意識的にえらばれている。オフィスでは話すことのできない内容も、アフターファイブになれば、ネクタイをゆるめて、「ここだけの話」として披露することもできる。情報の取り扱いには細心の注意が必要だ

が、職場での会話と、アフターファイブの形式にとらわれないコミュニケーションが、バランスよく組み合わせられることによって、私たちはお互いをより深く理解し、結果として信頼関係が育まれることにもなる。決して大げさな話ではなく、こうしたインフォーマルなコミュニケーションの「場所」は、私たちにとって、貴重な学習機会を提供してくれるのだ。

　もちろん、「部下手当」に代表されるような、制度化、ルール化がすすめられている背景には、さまざまな問題に対応しうることが想定されているのだろう。たとえば、特定の誰かに誘いの声がかからなかった、ということになれば、すぐさま問題になる。誘いを断ると、自分の評価に関わるのではないかと心配し、気がすすまないのに参加せざるをえないこともあるだろう。制度として、自分のスケジュールに組み込まれれば、余計なことを心配せずに済む。その意味では、こうした制度は、誘うほうも、誘われるほうも、楽なのだ。

　私たちは、つい楽な方法をえらびがちだが、そもそも、私たちが社会生活を送る上で、コミュニケーションには、少なからぬ費用がかかるということを、あらためて認識しておくことが重要なのではないだろうか。ここで言う費用は、「部下手当」のような金銭的な負担だけではなく、時間を供出し、場所をともにするという意味での費用である。上述の頭が冴える「場所」もそうだが、私たちは、創造的な時間の多くは、インフォーマルな「場所」で、不意に訪れることを経験的に知っている。形式ばった会議よりも、偶然の立ち話のほうが、はるかに刺激的だ。そして、一度でも、そのようなインフォーマルなコミュニケーションを経験したことのある人は、たとえ不意の誘いであったとしても、自分の時間をそのために供出しよう、一緒に過ごそう、という気になるのである。その費用に見合った、

何かが得られることを知っているからだ。

　では、どうすれば形式にとらわれない「場所」をつくることができるのだろうか。この問題は、じつに難解である。というのも、いま述べてきた意味での創造的な「場所」は、偶然でも必然でもなく生まれるからである。まったく偶然の出会いを期待するには、私たちの負担すべきコミュニケーションの費用は大きすぎる。いっぽう、「部下手当」のように制度化されると、その時点で形式的な集いになってしまう。そもそも、偶然でも必然でもない「場所」をデザインするということ自体、概念的に矛盾をかかえているのかもしれない。だが、ゆるやかなルールやしかたをデザインすることは可能なはずである。つまり、確実ではなくても、インフォーマルなコミュニケーションが生まれやすい「場所」はつくれるのではないだろうか。あたえられた状況にふさわしい人間関係を理解し、それに応じた道具立てや「話の種」となるようなメディアを考案する。「場所」を構成するさまざまな〈モノ・コト〉が、ほどよいバランスで結ばれるとき、形式にとらわれない集まりが生まれるはずだ。

2　現場に出かけることの重要性

◆**直接体験から学ぶ**

　創造力にかぎらず、私たちが身につけるべき能力は、本で読んでわかるだけでは十分ではない。実際に、それが現場で活かされるかどうかが重要だ。では、日々、私たちが向き合っている、さまざまな現場で発揮できるような創造力を身につけるためには、どうすればよいのだろうか。現場で体現されうる知識を、どのように身につけるかという問題は、私たちの学

習観、あるいはコミュニケーション観と大きく関連している。私たちは、ある種の知識は、人の話を聞いたり、本を読んだりすることで修得できると考えている。その場合、知識は、あたかも〈モノ〉のようにとらえられており、ある場所から別の場所へと、移動させることができるという学習観にもとづいている。このように考えると、本の内容が、知識として、頭に「入った」かどうかで、学習の成果を確かめることになる。そもそも、本は知識の「容れ物」として考えられている。いわゆる暗記ものと呼ばれるような内容は、こうした考え方によって、理解することができるだろう。つまり、本を「容れ物」としてとらえると、載っている内容を、別の場所で復元、復唱できるかが重要となる。専門用語や数値で表現されたデータなどは、ある程度は覚えざるをえないことがあるので、こうした学習観が誤りだとは言えないだろう。職場でも学校でも、さらには日常生活においても、知っているか、知らないか（あるいは、覚えているか、いないか）、が問われる場面は少なくないのだ。

　いっぽう、知識は〈モノ〉として流通するのではなく、直接体験によって獲得されるという考え方もある。つまり、どこかにある知識を自分の頭に「入れる」のではなく、みずからを取りまく状況と向き合いながら、必要とされる知識を身につけていくというやり方だ。この立場で考えると、知識の〈モノ〉としての側面ではなく、コミュニケーションをつうじて〈モノ・コト〉が意味づけされていく過程が際立つことになる。つまり、知識は、すでにどこかに「ある」のではなく、人びとのコミュニケーションや社会関係のなかで、つくられると理解するのだ。結果ではなく、過程に着目して、知識のあり方を考えると言ってもいいだろう。

　こうした直接的な体験に根ざした学習は、「経験学習（learning-by-

```
                経験
           Concrete Experience
    （協調的知識）            （発散的知識）

     実践                        省察
Active Experimentation    Reflective Observation

    （収束的知識）            （同化的知識）
               概念化
        Abstract Conceptualization
```

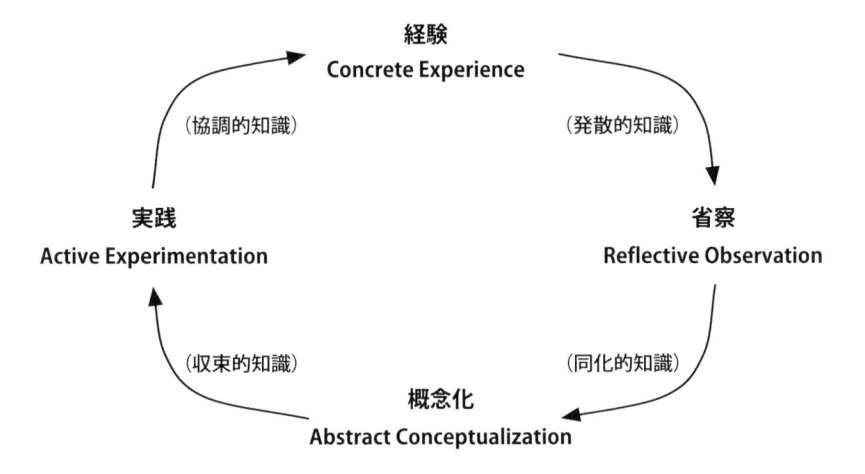

〈図1-1　経験学習のモデル（Kolb, 1984 より作成）〉

doing)」の理論として知られている。たとえば教育理論家のデイビッド・コルブは、私たちの「経験学習」の過程を、経験（Concrete Experience）、省察（Reflective Observation）、概念化（Abstract Conceptualization）、実践（Active Experimentation）、という相互に関連する、4つのフェーズで理解することを提案している。〈図1-1〉のとおり、これらの4つのフェーズは、環状のプロセスを構成しており、私たちの知識の獲得は、まずは、具体的な経験からはじめることを想定している。この際、本などには書かれていない、自分だけのユニークな体験として、向き合っている現場の状況を、できるかぎりありのまま受け入れることが重要である。そして、自分がどのような状況で、現場と向き合い、どのようにふるまったのか、その体験をふり返りながら、概念化を試みる。つまり、具体的な経験をしていた自分を対象化し、一歩引いたところから眺めて、それを言葉にしてみ

るのである。

　識字教育の実践家、理論家として知られるパウロ・フレイレは、私たちの対話において、「世界に名前をつける・命名すること（name the world）」の重要性を説いている。私たちは、言葉を知ること、言葉をあたえること、言葉を発することによって、積極的に外界にはたらきかけることができる。その過程をつうじて、私たちは問題を提起したり、お互いの関係を変革したりしようとする。つまり、「識字能力（リテラシー）」は、すでに「書かれたもの」への理解を促すばかりではなく、みずからが書くことによって、あたらしい「世界」の提案を可能にするのである。そして、ひとたび命名されたものは、課題として共有できるようになる。それが、コミュニケーションを誘発し、私たちのやりとりをつうじて、さらに「世界」をつくっていくのである。つまり、名前をつけられ、〈モノ〉として流通可能となった知識は、もちろん、それ自体にも価値はあるが、大切なのは、それが、私たちの関係性を築く仲立ちとなって、コミュニケーションを継続させるという点だ。後述するように、これは文字による表現である必要はないだろう。私たちの経験を、何らかのかたちで表現された〈モノ・コト〉として流通させ、人びとと共有できるようにすれば、それが、コミュニケーションのきっかけづくりに役立つはずだ。

　このように、4つのフェーズで図式化される知識獲得の方法は、はじまりや終わりがわかりにくい、継続的なプロセスとして理解される。そして、この環状のプロセスを経ながら、私たちの経験は蓄積されていくことになる。私たちの日常生活のある側面は、とても規則的に構成されているが、当然のことながら、同じことをくり返すばかりではない。目指すべきなのは、現場での経験が、別の文脈で、別の課題に直面した際にも、活か

されることである。この「経験学習」の考え方をふまえると、「できる」と「わかる」は絶え間なく、相互作用をくり返していると言えるだろう。そして、思考と行動を一体化させるためには、ふたつの姿勢が求められていることがわかる。まず、ある時は、参与者として、自分を現場に委ねるという姿勢である。しばし理屈を忘れて、現場の流れを受け入れ、気負うことなく〈その時・その場〉を経験することである。そのためには、ある種の没入感が生まれることも必要であるし、現場を感じとるために、自分の五感を開放しておくことも大切だ。いっぽう、一歩引いた立場からその経験に対して名前をあたえていく、分析者のような姿勢も求められる。あたらしく概念や言葉を生み出すばかりでなく、本などをつうじて、すでに知っていた概念やキーワードを、自分の経験と対応づけることも重要になる。「創造力」は、みずからの体験に言葉をあたえ、「世界」を語ろうと試みたり、頭の中にある概念を体験的に知ろうとしたりする過程においてこそ、発揮されると考えられる。

◆五感を動員する

　私たちが知識を生み出し、さらに創造的に「世界」を語っていくためには、現場での直接的、具体的な体験が重要である。そもそも、私たちの日常生活は、起伏に富んだ、じつに複雑な「世界」なのであるから、それを感じとるためには、私たちの五感を駆使することが求められる。だが、この10年間の情報化、多様化の流れのなかで、私たちの「頭」は肥大化した。私たちが日ごろ体験と呼んでいる事柄も、その多くは、じつは直接体験ではなく、さまざまなメディアを介した間接的（あるいは擬似的）な体験なのかもしれない。私たちは、職場や学校はもとより、家庭において

も、メディアによって構成される「世界」に向き合いながら、これまでにはなかった密度の時間を過ごすようになった。一日、24時間は、細かく分断され、毎日のスピード感覚も変容した。

　いっぽう、安全、安心への欲求を満たしたり、情報過多によるストレスを軽減したりするためには、この複雑さ、忙しさに何らかの秩序をあたえ、わかりやすくする必要がある。たとえば、私たちの購買行動は、ネットワーク環境の普及によって、ひと頃にくらべて、大きく変わったことが指摘されている。いまや、何かを購入する際には、事前の下調べは欠かすことができなくなった。価格をはじめとする商品やサービスそのものに関する情報ばかりではなく、実際に購入した人による使用感や感想文、そしてランキングの情報までもが、実体をともなわない視覚情報として「頭」に入ってくる。これが、失敗しない、賢い買い方として認識されつつあるからだ。商品やサービスを提供する側も、購買者の口コミやブログの記事などを考慮しながら、マーケティング戦略を考えるようになった。

　もう少し視野を広げて、オフィスビルを見ても、同様の変化を読みとることができる。都市部にあたらしくつくられるオフィスビルは、複合施設として多機能化がすすんでおり、カフェも公園も、ショッピングモールも併設されている。私たちが都市生活に求めるさまざまな機能が凝縮され、極端に言えば、建物を離れなくても、日々の欲求は充足できるかのように見える。そして、テナントとして並んでいる店の多くは、フランチャイズ展開している、おなじみのブランドや系列店なのである。それは、いつもの商品やサービスを得られるという安心感に結びついているが、画一化がすすんでいることは間違いない。どこへ行っても、おなじなのだ。こうした画一的なまちに慣れてしまうと、看板や店構えが醸し出す雰囲気に誘わ

れて、ふと店の扉を開けるようなことはしなくなる。まちで、自分のアンテナを試したり、失敗をしたりする機会は、格段に減少しているのだ。見知らぬ土地を訪れる場合でさえも、周到に事前の準備をする。見慣れた、お決まりの旅程を組むことで、気ままにまちをさまよう愉しさや、偶然何かを発見する喜びを感じる機会を、みずからがせばめてしまっている。

　また、アメリカの社会学者、ジョージ・リッツアが「マクドナルド化」と呼んだ、合理化の流れも、私たちの職場や学校、さらには地域コミュニティへと浸透していると言えるだろう。リッツァは、現代の消費文化の中で、マクドナルドのような合理的な経営システムが、外食産業のみならず、コンビニ、フィットネスクラブ、さらには教育、医療にいたるまで、社会に拡がりつつあることを指摘している。とにかく効率性が重視され、私たちの生活のさまざまな側面が数値化される。マニュアル化がすすむことによって、現場での即時的な判断は、求められなくなる。臨機応変な対応は、あまり歓迎されず、マニュアルどおりにすすんでいるかどうかが、重要な価値判断の基準になる。そのため、私たちの消費者意識は、知らず知らずのうちに高まっているようだ。いつもの店では、ある水準のモノやサービスを要求するようになる。多様性や揺らぎに対する寛容さが、失われているのかもしれない。

　私たちは、こうした一連の画一化、合理化を、生活の豊かさと誤解してはいないだろうか。いつもと変わらない、迅速でムダのない暮らしは、確かに安心、安全ではある。だが、画一化、合理化がすすめばすすむほど、私たちの五感は鈍ってしまうのではないだろうか。さまざまな機能が凝縮されていれば、オフィスビルの外に出ることさえ、おっくうになる。内閣府による「仕事と生活の調和」実現度指標（2008年3月）によると、この

五年間、「地域・社会活動」への個人の実現度は低下を続けている。いわゆる、交際、近所づきあいが減っているということの表れだと言えるだろう。何らかのかたちで、人と関わりたいと考えてはいるのだが、そのきっかけが見つからないのかもしれない。「頭」では、地域や社会と接点を持った活動を欲していても、それが「足」へと伝わらないのである。いま、私たちに求められているのは、自分の足の裏で地面を感じること。そして、みずからを律して、自分にとってふさわしいと思えるスピードやリズムを獲得することである。そのためには、手触り感覚や人と人との直接的なコミュニケーションの復権について再考する必要がある。それをつうじて、もう一度、分断された私たちの五感を結ばなければならないのだ。創造力も、「頭」だけでは獲得することができない。

◆フィールドワークの考え方
　私たちの五感をもう一度鍛え直し、頭と身体をつなぐためには、フィールドワークが役に立つ。フィールドワークは、社会や文化について理解するために活用されている「社会調査」と呼ばれる方法のひとつで、一般的には、研究室の外に出かけておこなう、実地研究や野外調査として知られている。調査・研究の対象となる〈モノ・コト〉に、できるだけ近づくために、現場へと赴くのである。近年、さまざまな分野で、現場感覚の重要性が指摘されるようになり、フィールドワークへの関心が高まっているようだ。フィールドワークに関する書籍も、たくさん出版されている。
　たとえば、あたらしい商品やサービスを考案する際には、統計データや意識調査などでは理解しえない現場の様子を知ることが大きな意味を持つ。机に向かってばかりいないで、外に出て、現場に触れることが求めら

れているのだ。フィールドワークの基本は、自分で観察したり、人に話を聞いたりしながら、知識の獲得を試みることである。フィールドワークは、人類学（文化人類学）や社会学などの分野で、学術的な方法として確立されてきたものであるから、近年のフィールドワークへの理解は、いささかカジュアルなものだという批判もあるにちがいない。実際に、ビジネスパーソンが、人びとの暮らしや嗜好を理解するためにまちを歩いたり、あるいは学生が大学の課題で街頭インタビューを試みたり、フィールドワークとして語られる活動は、多岐にわたる。だが重要なのは、技法としての学問的な意味ばかりではない。フィールドワークは、実践のなかから自分で問題を発見するという課題を設定する能力や、調査の結果を解釈し表現するというコミュニケーションの問題とも密接に関わっている。つまりそれは、業務や課題のためのテクニックに留まるものではなく、私たちの日常生活を組み立てるための方法だと言えるかもしれない。

　フィールドワークは、頭と身体が結ばれることで実現する。私たちは、現場で目にした〈モノ・コト〉に言葉をあたえ、さらにその言葉にもとづいて「世界」を理解し、「世界」を変えていく実践へと結びつけようと試みるのである。後述するように、フィールドワークは、「経験学習」の方法だと考えることができる。

　フィールドワークには、いくつもの特質があるが、とくに、以下のような点が重要かつ興味ぶかいと言えるだろう。まず、素朴なことながら、フィールドワークによって得られる知識は、唯一無二だという点である。自分の五感を動員して、身体で理解したということ自体が、価値を持つのである。たとえ個人的であっても、調査者自身が、ある日、ある場所で見聞きした〈モノ・コト〉は、直接的な体験である。まさに、〈その時・その

場〉にいたという事実は、決して揺らぐことはない。たとえ、本や教科書に記載されている内容や、社会的に認知された「専門家」の見解と、ちがっていたとしても、ある個別具体的な体験については、自信をもって、みずからの言葉で語ることができるはずだ。「私は、見ました」と。フィールドワークによって獲得された知識は、本で学ぶ知識とは性格がちがうものだが、たんに主観的なエッセイや感想文のように位置づけられるものでもない。少し大げさに言えば、フィールドワークには、ひとりの調査者が観察し、言葉をあたえることによって生み出された「世界」が、確実に存在するのである。身体的に得られる、唯一無二の感覚こそが、創造力の源泉になる。

　また、フィールドワークは、ふだん見慣れていて、あたりまえとなった日常生活をちがった目線で見るきっかけづくりになる。私たちは、毎日が複雑で変化に富んでいるからこそ、わかりやすさを求める。また、安心、安全への欲求は、時として、変化を好まず、冒険心を萎縮させてしまうこともある。いつもの風景や、規則正しい生活は、いろいろな意味で安心なことは間違いないが、慣れすぎて、ルーティン化がすすむと、それは、刺激のない退屈な毎日を生み出す結果になる。同じ〈モノ・コト〉の反復は、冗長に感じるからである。フィールドワークは、そのような日常をしばし抜け出して、いつもとはちがった経験をもたらすのに役立つ。私たちは、さまざまな方法で、日ごろのストレス解消や気分転換を試みているが、本書で扱うフィールドワークは、おなじような効果をもたらす、ちいさな「旅」のようなものだ。フィールドワークを日常生活のリズムのなかに組み込めば、さほど大げさな準備をすることなく、毎日のリズムに変化をあたえることができる。

さらに、フィールドワークは、毎日の生活を記録することへの関心を高めてくれる。あたりまえのなかに、微細な変化を見いだしたり、新鮮な感動を覚えたりすると、その経験を誰かに伝えたいという素朴な欲求が生まれる。それが、自分だけのユニークな経験であれば、なおさらのことだ。そのために、私たちは、観察や記録の方法を工夫して、現場での経験を持ち帰ったり、再現したりしようと試みるのである。本書では、フィールドワークで活用するメディア機器についても考えてみたい。フィールドワークにおいては、現場での経験を持ち帰るための方法として、メモやスケッチを使うことが多いが、身近になった情報機器は、こうした記録の可能性を大きく拡げてくれる。たとえば多機能化がすすんでいるケータイは、私たちの身体の一部として機能し、これまでの作業の効率化をもたらすばかりでなく、フィールドワークという営みそのものを変える可能性がある。

3　「キャンプ」の可能性

◆「言えるけどできないこと」が、たくさんある

　冒頭で述べたとおり、私たちは、創造力を追求している。そして、本を読んだり、セミナーに通ったりして、創造力を身につけようと試みる。だが同時に、本を何冊読んでも、それが、自分を変えてくれるかどうかについては、いささかならず疑問を持っている。現実は、「本に書いてあるようにはいかない」ものだということを、何となく、経験的に知っているのである。たとえば、本を読んだだけで、たちまち、創造力がみなぎるとは考えにくい。もちろん、「○○力」や「○○法」といったタイトルを冠した本を読むことには、意味がある。しかしながら、理屈ではないのだ。勉

強に費やした時間やエネルギーが、形にならなければ、報われた気分にはなれない。目に見える成果が求められている場合には、「できない」ことは致命的だ。

　さらに困ったことに、勉強すればするほど、知識は増えるので、それを実践の場面で活かすことができないと、なおさら報われない気分は増幅されることになる。いくら本を読んでも、変わることができない自分に対して、腹立たしささえ覚えるのだ。このように、私たちは、仕事にかぎらず、日常生活のさまざまな場面で、「わかっているのに（わかっているはずなのに）、できない」という状況に遭遇することがある。いわゆる「実行力不全（knowing-doing gap）」の問題である。なぜ、知識を行動に活かすことができないのか。組織行動論を研究するジェフリー・フェファーらは、さまざまな理由で、言葉が行動のかわりになってしまうことを指摘している。たとえば、私たちは、計画を立てることと、計画に沿って行動することを混同しがちである。決めただけでは何も変わらないことはわかっているのだが、仕事でも学校でも、もっぱら言葉（とくに、聞いたことがないような、必要以上に難解なコンセプト）ばかりが評価されてしまう。実行力は、その成果を確認するのに時間を要することからも、なかなか評価されないのが現状だ。つまり、言葉や概念ばかりが先行してしまうのは、私たち個人の問題であると同時に、お互いを評価する仕組みとも密接に関連しているのである。

　いっぽう、「できるのに、わからない（言語化できない）」ことも、たくさんある。とりわけ、身体的に獲得され、表現された知識は、目に見えて確認できるがゆえに、とりたてて説明を求められることが少ない。理屈はともあれ、つい、「見てのとおり」だと納得しがちだが、後からふり返

言えるけど、できない　　　　　　**できるけど、言えない**

knowing-doing gap　　　　　　　doing-knowing gap

〈図1-2　ふたつの「ギャップ」〉
　　——「キャンプ」は、ふたつの「ギャップ」に向き合う機会をつくり出す。実行力
　　　（できる）と説明力（言える）は、相互構成的に理解する必要がある。

ってみると、じつはその場の雰囲気で、わかったつもりになっていることがある。私たちは、言葉よりも、はるかに多くのことが「できる」のだ。それは、私たちの知識が、とても複雑で豊かな証である。中身のない、うわべだけのプレゼンテーションは聞くに堪えない。だが、うまく説明できないながらも、私たちを動機づけたり、一体感を生み出したりするコミュニケーションは、誰もが経験したことがあるはずだ。こうした身体的な知識についての理解は、「実行力不全」とはちがった問題を喚起する。「できる」だけでは、困る場合があるからだ。それは、「説明力不全（doing-knowing gap）」ともいうべき問題だ。つまり、私たちには、難しいことを承知で、さまざまな表現や身体的な知識を「わかる」ようにすることが

求められるのである。少なくとも、その努力を怠ると、表現やコミュニケーションの問題は、私たちの個性や資質に関わる事柄として扱われてしまう。「できるのに、わからない」ことは、経験と勘、天性やセンスばかりではなく、言葉である程度は説明され、理解されるべきものであろう。

　私たちは、職場や学校にかぎらず、日常生活のさまざまな場面で、「できる」と「わかる」のギャップに直面している。これは、教育や学習環境のデザインという観点から考えると、きわめて重要な問題であることに気づく。いわゆる「頭でっかち」では困る。逆に、言葉が足りないのも、不要な誤解や行きちがいを招く。「わかる」と「できる」がうまく結ばれ、それらが適切に理解され、評価されるような仕組みづくりは可能だろうか。たとえば、本を100冊読んだ人は、知識の修得ということについて正しく評価され、自分のアイデアを行動に移すことができた人は、実践や実行力という観点から評価されることが望ましい。頭だけでも、身体だけでも不十分なのである。

　私たちが考えなくてはならないのは、思考と行動を結びつけるための学習機会を、どのようにデザインするかという問題である。頭と身体を結ぶ試みは、じつは、あたらしい創造の機会をつくるきっかけにもなる。「わかる」と「できる」が、相互に関連しているからである。つまり、「わかる」プロセスをつうじて、「できる」ようになり、「できる」からこそ、「わかる」ことへの想いが生まれる。思考と行動をつなぐということは、いわゆる「暗黙知」を形式化するだけの話ではない。文書化、マニュアル化自体にも意味があるが、形式化をすすめるという試みのなかにこそ、あたらしいアイデアや気づきの機会、つまり創造力が喚起される場面、がある。むろん、本に書かれたことを、読んだとおり、そのまま現場で適用す

ることでもない。概念がみずからの活動によって体現され、本で読んだ理論が現場で試されることをつうじて、私たちは学ぶのである。

◆頭と身体をつなぐ

　近年、仕事と私生活との共存をめぐって、「ワーク・ライフ・バランス」の重要性が議論されるようになった。私たちが生きがいや喜びを感じて暮らすために、職場でも家庭でも、ストレスのない毎日を送りたい。その考えに異論を唱える人は、おそらくいないだろう。こうしたバランスが問われる背景には、少子化対策、フリーターの増大、男女の社会参画のあり方など、多様化するライフスタイルとどう向き合うかという課題がある。それに呼応して、内閣府は2007（平成19）年、「仕事と生活の調和」の実現を目指して、「カエル！　ジャパン」というキャンペーンをスタートさせた。働きかたを、「変える」という呼びかけである。目指すべきは、「国民一人ひとりがやりがいや充実感を感じながら働き、仕事上の責任を果たすとともに、家庭や地域生活などにおいても、子育て期、中高年期といった人生の各段階に応じて多様な生き方が選択・実現できる社会」の実現だ。

　実際に、この10年で、私たちのワーク・スタイルや生活リズムは、大きく変容した。情報化にともない、額に汗して働くのではなく、コンピューターの画面に向かって作業をするだけで、仕事が成り立つことを実感するようになった。家庭へと仕事が持ち込まれたり、どこにいても、容赦なくメールが送られてきたり、公私の区別も曖昧になった。さまざまな便利さを享受しながらも、自在にネットワーキングが可能になると、私たちは、「つながる」だけでは満たされないことに気づきはじめたのである。これ

からは、「つながりかた」こそが、重要な課題になるはずだ。

　著述家の海野弘は、『足が未来をつくる』のなかで、近年のウォーキングの復活などに注目し、「足の文化」の重要性を指摘している。一連の情報化によって、私たちの視覚情報への接触機会が急激に増大し、「頭」だけが肥大化しているというのだ。もしこの10年間の「ワーク・ライフ・バランス」のあり方が、知らず知らずのうちに私たちの「足」を排除してきたとするならば、早急に、頭と足をつなぐことに向き合わなければならない。それは、日常生活に抱くイメージと、リアリティとのあいだに何があるのか（何かがあるのか）を、自分の足を使って確かめることである。つまり、仕事においても、また私生活においても、思考と行動を一体化させることが、私たちの生きがいや喜びと密接に関わっているのだ。

　たとえば、オフィスは大きく変わった。仕事のための機能や効率を前提として、オフィスには、快適さや親しみやすさが求められるようになった。最新のオフィスビルに行くと、じつに快適に設計されているように見える。人びとの創造性を喚起するような工夫が、随所に盛り込まれているのだ。「クリエイティブ」なオフィスと呼ばれるような事例では、働く人びとの創造的な思考を育むために、オフィスのなかにカフェや公園のような空間をつくっている。無機質なオフィス家具を並べるだけではなく、くつろいだり、のんびりしたりする空間をつくる試みである。確かに、いわゆるデスクワークのための空間は、効率性を上げることを重視したレイアウトなので、カフェのような場所があれば、いつもとはちがった気分で仕事をすすめることができる。ネクタイをはずして、リビングルームのような場所でミーティングをおこなうこともある。

　だが、こうした試みによって、私たちの生産性、創造性は本当に高まる

のだろうか。生きがいや喜びに、どのくらい、変化をもたらしてくれるのだろうか。多くの人は、あたらしいオフィスは、仕事をしていて気分がいい、居心地がいい、と感想を述べる。ゆったりとくつろぐことのできるイスや、柔らかい色の照明、コーヒーの香りなどは、私たちをリラックスさせるし、何となく、「クリエイティブになった」気にさせる。だが、物理的な設えを工夫すれば、それでアイデアが湧いてくるという単純な話ではないはずだ。ネクタイをはずしただけで、「クリエイティブ」になるとは考えにくい。つまり、大切なのは、レイアウトや道具立てだけではないのだ。実際に、人びとがオフィスでの毎日をどのように過ごすのか、誰と集うのかといった、場所の使われかたへの理解や洞察がなくては、あたらしいオフィスの真価は発揮されないだろう。

　単純なことながら、私たちは、環境の変化が、すぐさま仕事の内容までも変えてしまうと錯覚しがちである。オフィスのレイアウトを変えることと、その環境で仕事をすることを混同してはいないだろうか。これも、頭と身体の関係性の問題だと言える。建築家や空間デザイナーが提案するように、「カフェ」という空間を構成するさまざまなモノが、私たちのコミュニケーションのあり方に影響をあたえていることは確かだ。そして、「カフェ」における中心的な活動は、コミュニケーションのはずだ。だが、カフェで、コミュニケーションの本質とも言うべき、〈見る＝見られる〉という関係性は、再現されているだろうか。そもそも、「カフェ」では、道ゆく人びとを眺め、そして逆に眺められることによって、お互いに刺激をあたえ合うのだ。その意味で、「カフェ」は、リラックスしながらも、人との関わりを意識する、社会的な場所だと言えるだろう。残念ながら、オフィスのなかのカフェにかぎらず、いま私たちがカフェに求めて

いるのは、〈見る＝見られる〉という関係性ではないように見える。このことは、カフェに行って、数分、人びとを観察するだけでわかる。私たちは、しきりに手帳に書き込みをしたり、ケータイをのぞき込んだり、むしろ外界との接触を遮断し、いわば個室化を試みていることが多いのだ。誰かと一緒の場合にも、友人や同僚とともに、リラックスした時間を過ごすためであって、見知らぬ誰かとのコミュニケーションは、あまり見られない。言葉を交わさずとも、〈見る＝見られる〉という関係性は意識できるのだが、その感覚さえ、とても希薄だ。

　もちろん、理屈っぽいことばかり考えずに、それぞれが、思い思いにカフェを利用すればよい、と言われればそれまでだ。だが、少なくとも、「カフェ」という概念でデザインされ、性格づけられる場所には、ある種のコミュニケーションが発生することが期待されているはずだ。「カフェ」という場所にふさわしい、過ごし方があるのだ。「カフェ」という場所を、頭だけではなく、身体でも理解するためには、物理的な道具立てばかりでなく、心のありよう、そしてコミュニケーションのあり方についても、考えてみなければならない。頭と身体をつなぐという問題は、概念（言葉）を体験的に感じとり、実践に結びつけることをつうじて、理解されるのである。

◆「キャンプ論」に向けて

　本書では、ここ数年すすめてきた活動を、「キャンプ」という概念をもちいて整理してみたい。それは、私たちのコミュニケーションや社会関係のあり方を再認識し、再構成していくための「経験学習」の仕組みである。フィールドワークを中心的な活動に据えながら、自分の想い描く未来

に向かって、創造力を育むためのアプローチだと言ってもいいだろう。筆者は、大学で教えるという身分であるから、以下では、もっぱら大学生の活動を事例として紹介することになる。しかしながら、「キャンプ」をつうじて考える対象は、私たちの日常生活であるから、ビジネスパーソンをはじめ、さまざまな現場と向き合う人びとも、創造力を培うためのヒントとして読むことができるだろう。すでに述べたように、「キャンプ」は、「場所」や「場所」づくりの問題と密接に関わっているが、大きく以下のふたつの観点から整理してみたい。

①道具への関心
　本書で扱うのは、いわゆる野営という意味でのキャンプではない。そして、ふだんの会議室や教室を抜け出して、発想のトレーニングのために「キャンプ」をおこなうことを考えると、できるだけ身軽なほうがいい。なるべくフットワークを軽くして、いつでも、どこでも好きなように、頭の冴える「場所」をつくろうと試みるとき、「キャンプ」の支度は、重要な課題となる。多少の差はあっても、ポケットやカバンの容量はかぎられているので、私たちが、さほど負担に感じることなく持ち運べる道具は、制限される。そのため、「キャンプ」には、本当に必要なものだけ携行することが求められる。いささか乱暴なやり方かもしれないが、持ち運べる量が決まっていれば、私たちは、必要なものをえらばざるをえない。つまりそれは、不要なものを捨てる決断である。単純なことながら、この過程を経ると、自分たちに必要なものがわかる。
　ここで大切なのは、「キャンプ」には、仲間がいるという点だ。自分で持ち運べないものは、誰かに頼むというやり方もあるし、ものによって

は、仲間と共有することもできる。その際には、分担、共有のための段取りやルールも考えることになるはずだ。さらに、「キャンプ」をおこなう現場で、必要なものを調達することも可能である。その意味では、「キャンプ」においては、さまざまな道具を扱う能力ばかりではなく、道具を調達する能力も求められることになる。それは、つまるところ、コミュニケーション能力の問題として、考えるべきなのかもしれない。最後は、「お願いします！」と言って、なかば強引にでも、必要なものを手に入れる、交渉力（あるいは広い意味でのサバイバル能力）も無視できないのだ。

　私たちは、このような、ちょっと泥臭い、現場でのふるまいは、創造力と無縁のものだと考えがちだ。しかしながら、これまでの実践をつうじて、現場における臨機応変なふるまいこそが、創造力を喚起するきっかけになりうることが、わかってきた。というのも、望ましい「場所」づくりのために、支度や調達という課題に向き合うとき、私たちは、あたえられた資源を理解し、適切な組み合わせについて想いをめぐらせるからである。課題を達成しようという動機づけがあれば、そのために、私たちは、一生懸命になって創意工夫を試みるのだ。

　オフィスや教室をしばし離れて、「キャンプ」という「場所」での活動を想定するとき、必要な道具は何か。おそらく、さまざまなものがリストアップされるはずだ。本書では、私たちの日常生活にとけ込んだケータイを、「キャンプ」のための道具として考えてみたい。公共空間におけるマナーの問題、メール依存症や、カメラによる盗撮など、ケータイをめぐっては、さまざまな問題が指摘されている。こうした問題には、きちんと向き合う必要があるが、誰もが携行し、高機能化がすすんだケータイは、おそらくは「キャンプ」に欠くことのできない装備として位置づけることが

できるだろう。見慣れた日常から、しばし抜け出して、あたらしい目線で〈モノ・コト〉を見直す際、ケータイは役に立つ。

②組織づくりと関係変革

　「キャンプ」を構想する際、私たちは創造的な「場所」づくりに取り組むことになるが、「場所」は、たんなる物理的な空間ではなく、人と人との相互作用が前提となって生まれる。その意味で、「場所」はコミュニケーションの問題としてアプローチする必要があるだろう。さらに、人びとが「状況（situation）」をどう理解するかは、個人的な問題であると同時に、社会的な関係の理解、環境との相互作用の所産として理解されるべきものである。関わる人びとの人数規模によって、「場所」の性質は変わるはずだ。また、単発的に生まれ、一度限りで消失する「場所」もあれば、定期的・継続的に構成され維持されていく「場所」もある。

　「キャンプ」の設計は、人びとがどのように集うか、そして、どのような関係で結ばれるかという、組織づくりの問題と密接に関わっている。近年、プロジェクト型の業務が増え、コラボレーションの重要性が認知されつつある。どのようにグループを編成するか（つまり、誰と一緒に「キャンプ」をおこなうか）という問題は、その「場所」を性格づける大切な要因になる。グループ編成は、向き合うべき課題への取り組みや、創造性に直結している。メンツ次第で、やる気が湧いたり、逆に冷めてしまったりという経験は、めずらしくないはずだ。また、時にはコラボレーションという名のもと、力を十分に発揮できない個人もいる。あるいは、いわゆる「ただ乗り」で関わる参加者の問題も無視できない。グループや組織づくりは、それを成り立たせる個人の能力や資質を理解し、巧みに結びつけ

る作業をともなう。一人ひとりが自律し、創造力を持ち合わせていることが望ましいが、「キャンプ」として成り立つ「場所」自体が、活気に満ちて、創造性を刺激するような采配が求められる。

　また、「キャンプ」をつうじて、人と出会い、関係を維持していこうと試みるとき、あたらしい関係性のあり方にも気づくことになる。時代の要請もあるが、近年、私たちは、ついつい「ビジネスモデル」的な発想で、〈モノ・コト〉を考えるようになった。それは、さまざまな知恵や技が、形式化され、可視化される動きと無関係ではない。効率化、標準化がすすむと、便利な交換や流通の仕組みを求めるのは当然のことだ。これまで考えもしなかった事柄に、ビジネスとしての価値を持たせることができるのは、まさに創造力の賜物だと言えるだろう。その創意工夫には、素直に驚き、また拍手を送りたい。

　しかしながら、現場で問題に向き合いながら、いわば即時即興的に生み出されるアイデアを、形式化することは容易ではない。「ビジネスモデル」は、物事を実現するための方法のひとつに過ぎないのだ。これから事例として紹介していくが、私たちの「キャンプ」の試みの中で、「ボランティアモデル」とも呼ぶべき関係性が、確実に、そして力強く存在することがわかってきた。もともと、私たちは互恵的な関係性を結びながら、組織やコミュニティを構成してきたのである。単純に、昔に戻ることが不可能である以上、私たちは、あたらしい関係性のあり方を模索する必要がある。「キャンプ」は、これまでの、人と人、人とモノとの関係を見直し、再構成していく、きっかけづくりに役立つのである。

2 どのように「キャンプ」をはじめるか

1 見慣れた「日常」から抜け出す

◆経験学習としてのフィールドワーク

　フィールドワークは、社会や文化を理解するための方法である。どの程度まで具体的にフィールドワークが構想されているかについては、いささかのばらつきはあっても、「社会調査」のひとつの方法である以上、何らかの目的や成果を想定して、調査が計画されることが多い。直接的には、その目的がどの程度達成されたか、どのような成果を得られたかによって、私たちは、フィールドワークを評価することになる。つまり、フィールドワークをおこなうこと自体は、主たる目的ではない。できれば、フィールドワークのためのフィールドワークは、避けたほうがいい。だが、まち歩きは、発見に満ちているし、とにかく外に出かけて刺激を受けることは、それだけで意味がある。調査者は、フィールドワークをつうじて、さまざまなことを学んでいるからである。たとえ、もともと目指していた成果が得られなかったとしても、フィールドワークという活動自体は、私たちの思考と行動とを結びつける機会を提供してくれる。

　「キャンプ」として設計される活動は、私たちの日常生活における直接体験こそが、学習の源泉であるという考え方にもとづいている。つまりそれは、〈その時・その場〉の状況と向き合いながら、創意工夫を試みる

ことで、学びの機会が生まれるという考えである。多くの場合、「キャンプ」においては、時間、資金、道具などをもふくむ広い意味での「資源」がかぎられている。目の当たりにしている現場と、あたえられた「資源」を上手に勘案しながら、問題発見や問題提起を目指すのである。フィールドワーカーは、場数(ばかず)を踏むことによって、成長する。最初は、見知らぬまちを歩くだけでも勇気が必要なこともあるが、何回か足をはこぶうちに、リラックスして辺りを眺める余裕が生まれる。さらに、写真を撮ったり、人に話を聞いたりすることにも抵抗感がなくなってくるはずだ。そういったフィールドワーカーの佇(たたず)まいが身についてくれば、おのずと、あたらしい「出会い」にもめぐまれることになる。

　仮に、一度かぎりの訪問であったとしても、過去に訪れた、別のまちでの体験が思い出されれば、それは、確実に現場でのふるまいに活かされることになる。その意味で、フィールドワーカーとしての資質は、ある程度の時間を経て、育まれるものだと言えるだろう。同時に、フィールドワークという活動そのものが、自分の成長や「経験のレパートリー」ともいうべきものを拡張する、学びの機会であることを意識することも重要である。つまり、「調査者」としての自覚とともに、「学習者」としての自分を意識しながらフィールドワークをすすめることが、ある現場での経験を、つぎに活かすことにつながる。

◆フィールドワークにおける学習プロセス
　フィールドワークをひとつの学習プロセスとしてとらえると、以下の4つの「基本動作」から構成されるものとして整理することができる（〈図2-1〉参照）。図のとおり、このプロセスは、前に紹介した、コルブが提案

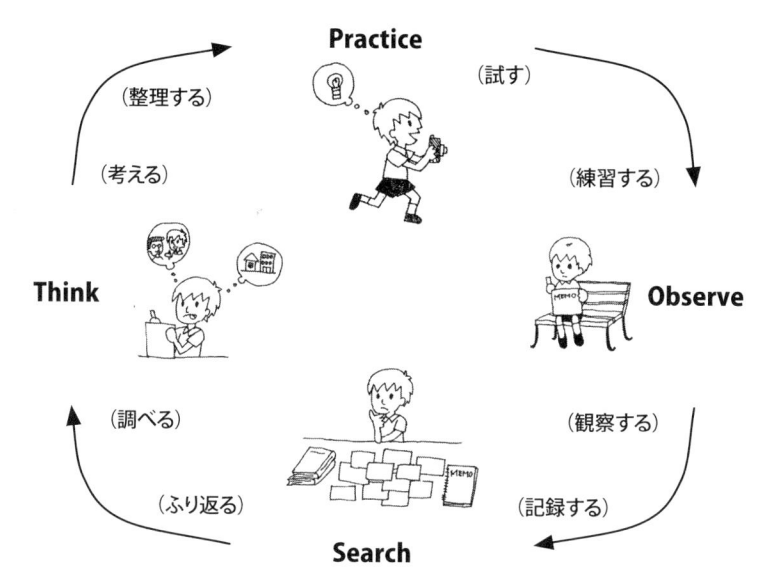

```
            Practice
(整理する)    ↗    (試す)
  (考える)            (練習する)
Think                    Observe
  (調べる)            (観察する)
  (ふり返る)          (記録する)
            Search
```

〈図2-1 「経験学習」としてのフィールドワーク〉

する「経験学習」のモデルと構造はおなじだが、とくにフィールドワークについて考えるために再構成したものである。これらの４つの側面が、相互に関連しながら、フィールドワークという学習プロセスを成り立たせる。つまり、一つひとつの段階のみならず、それぞれの関係性について考えることで、学習がうながされていく。以下では、これら４つの側面について、個別に説明を加えよう。

①試す・練習する

　フィールドワークは、発見のためのちいさな旅である。「キャンプ」には、できるかぎり、地域やそこに暮らす人びとについての予備知識を持た

ずに出かけるようにしたい。調査である以上、少なくとも、調査対象となる地域の基本的なデータや故事来歴くらいは知っておいたほうがいい、という考え方もあるが、あえて、それは後回しにしてみる。むしろ重要なのは、記録や観察に関わるフィールドワークの基本動作を身につけておくことである。あとは、自分の五感を信じて、もっぱら現場の成り行きに身を委ねてみると、それが、発見へと結びつくはずだ。

　私たちの学びは、継続的なプロセスなので、たとえば〈図2-1〉のような４つのフェーズで考える際、どこからはじめてもかまわないのであるが、「キャンプ」の精神にもとづいて、まずは、フィールドに出かける準備からはじめたい。実際には、フィールドワークは、この一連のプロセスのくり返しで、４つのフェーズを何度も辿りながら、フィールドワーカーとしての資質が育まれることになる。

　私たちは、概念を考えるところからはじめがちである。ついつい、行動よりも思考を優先させてしまうのだ。その意味でも、「試す・練習する」というフェーズを、つねに忘れずにおくことが重要である。フィールドワークにも、「基礎」が欠かせないのである。腕立て伏せや腹筋で、筋力をつくっておくのとおなじように、フィールドワーカーに求められる五感をトレーニングしておけば、現場に出かけて、「何をすればよいのかわからない」と困ることもないはずだ。フィールドワークの「しかた」を練習しておくことは、現場そのものの情報を事前に取得するということではない。実際に、現場で何をするかについては、現場で考えればよいのだ。「キャンプ」においては、むしろ、そうした即時即興的なふるまいが、愉しさでもある。その愉しさを存分に味わうためにも、基礎トレーニングが必要になる。フィールドワーカーにとっての、腕立て伏せや腹筋は、たと

えば写真を撮る際のコツや、現場での留意点などを、あとで「使える」知識として活かすための練習である。

「4『キャンプ』のためのトレーニング」では、実際にフィールドワーク先でのふるまいを身につけるための簡単な練習を紹介する。じつは、あまり大げさに、「調査」であることを考える必要はない。日常生活のなかで、データを収集したり、ものの見方を意識したりすることを習慣づけると、おのずと、あたりまえすぎて認識していない世界への「入り口」が見えるようになってくる。

②観察する・記録する

　私たちは、フィールドワークにおける基本的なふるまいをトレーニングしつつ、実際に、現場に出かけることになる。その際、見たこと、聞いたことにくわえて、調査者としての自分の所感も、できるかぎり記録しておくことが重要である。こうした記録やメモは、いわゆるフィールドノートと呼ばれるものであるが、大きくふたつのタイプがある。

　ひとつは、現場で（つまり、〈その時・その場〉で）書き留めるメモやスケッチなどの記録である。現場はつねに動いているので、どの程度の余裕を持って記録ができるか、事前にはわからない。何が起きるかわからない。そして、記録に気を取られてばかりいると、現場に出かけている意味が薄れてしまうことにもなる。できるかぎり、現場の雰囲気を身体で感じ取ることが重要だ。現場では、あとで整理することをふまえて、自分なりの略号を使ったり、図解を併用したり、現場の様子を持ち帰る工夫も必要になる。あまり道具に頼りすぎるのもよくないが、カメラやボイスレコーダーは、煩雑な作業を効率化するので、大いに活用したい。最近では、現

場でのちょっとしたメモ代わりに、ケータイを使う人も少なからずいるようだ。

　もうひとつは、現場での体験をふり返りながら綴る、フィールドノートである。現場では、詳細をゆっくりと書き留める余裕がないことが多いので、記憶が新鮮なうちに、現場で綴ったメモなどを整理しておくとよいだろう。筆者が大学院生のころ、フィールドワークの実習をおこなった際には、どんなに疲れていても、その日のうちに現場のメモなどを整理しておくように何度も指導された。ついつい後回しにしがちだが、できるかぎり「熱い」うちに整理しておくと、役に立つ。こうした作業をつうじて、私たちは、現場での自分をふり返り、ある種の追体験をする。フィールドノートの整理は、調査対象や自分自身をより深く理解するきっかけになるとともに、場合によっては、感情を静め、いわば「自己制御」の役割を果たすことにもなる。

　こうしたフィールドノートの内容は、他のデータとともに編纂され、調査の成果報告としてまとめられる。当然のことながら、成果報告は、誰かに読まれることが前提となっている。フィールドノートは、もっぱら自分だけのものであるが、成果報告は、自分以外の「読者」を想定することになるので、文体や語り口も変わってくる。人に読まれることを前提としたフィールドワークの記録は、とくに長い文章を書かなくてもよい。たとえば、400字程度であっても、感じたこと、気づいたことなどをまとめておくといいだろう。カードなどに綴っておけば、あとで事例として比較したり、さらに長いフィールドワークの「物語」を構成したりする作業に使うことができる。

③ふり返る・調べる

　ただ観察や記録をすすめるだけでは、フィールドワークは不完全なものになってしまう。身体で感じた事柄を、言葉にしたり、概念として整理したりすることによって、活きた知識が生まれるからだ。フィールドワークを終えたら、まずは、フィールドノートを読み直し、観察、記録をふり返りながら、具体的なフィールドを対象化してみる。いままで、自らが埋め込まれていた文脈から離れて、あらためて、調査を考えることが重要である。

　さらに、本や資料を読んで、思考と行動とをつなぐことを試みる。本や資料は、訪れた個別具体的な場所に関するものでもいいが、できれば、「キャンプ」に役立つような、より一般的な内容であることが望ましい。「キャンプ」をめぐっては、考えるべきことが少なくないので、この「ふり返る・調べる」というプロセスはとても大切である。たとえば、写真の利用やデータ収集の方法、まちを理解する際の概念、さらには人びととの関係性をつくり、維持していくための方法など、調べるべき分野は多岐にわたる。

　本でも雑誌の記事でも、フィールドワークをすすめる際に役立ちそうな記述は、カード（たとえば３×５インチの情報カード）などに写し、出典情報とともに蓄積していくようにする。こうした文献の探索、解題は、少なくともふたつの観点から、「キャンプ」にとって意味がある。

　まず、自分がおこなったフィールドワークを、他の調査との関係で位置づけることができる。文献や資料を探すと、自分が取り組んでいるのとおなじような調査が、すでに「誰か」によって、おこなわれていることに気づくかもしれない。だが、類似の調査があればこそ、調査結果の比較が可

能になったり、自分の調査のユニークさが明らかになったりする。
　また、文献の調査は、みずからのボキャブラリーを増やすことと密接に関わっている。フィールドワーカーは、調査の成果を何らかのかたちで表現する責任を負うが、フィールドワークに没頭するばかりでなく、その意味や必要について問われたとき、自分の言葉で語ることができなければならない。すでに、「誰か」の言葉によって語られた社会や文化について、知識を増やすことを怠ってはならない。ボキャブラリーが増えてくれば、他の事例研究について、語ることができるようにもなる。

④考える・整理する
　最後は、一連のフィールドワークの経験や、ふり返りでの発想、文献探索などをふまえて、（より抽象度の高い）概念やキーワードをつくるフェーズである。言いかえるならば、より一般的な言葉で、あらためて自分の活動を語ってみるということだ。具体的な現場の感覚を、どこまで抽象的な概念と結びつけるかという、思考力やイマジネーションが求められる。このフェーズでは、大きくつぎの二つのことが期待される。
　まず重要なのは、フィールドワークによる直接的、身体的な体験を、知識として内面化することである。そのために、フィールドノートをはじめとする、さまざまな記録を活用して、頭のなかで、自分がおこなったフィールドワークをふり返り、現場を成り立たせていた〈モノ・コト〉や、そのあいだの関係性を再構成してみる。さらに、自分が観察、記録することのできた〈モノ・コト〉にもとづいて、他の潜在的な可能性について考えてみることも大切である。たとえば写真を撮ると、必然的に、現場は矩形に切り取られることになる。そこで、「あと数十センチ、カメラが右を向

いていたら、現場の理解は変わっただろうか」、「もっと画角の狭いレンズだったら、自分はちがうところを注視していたのではないだろうか」、と問うのである。観察された〈モノ・コト〉を起点に、観察されなかった〈モノ・コト〉を想像することによって、調査者としての自分が埋め込まれていた状況を、あらためて考えてみることが重要である。

　さらに、このフェーズでは、フィールドワークによって得られた知見を、他の場面で適用することについて考えてみる。フィールドでの体験は、個人的で、そして、一過性のユニークなものである。だが、別のまちや地域を訪れた場合にも、類似した状況はありえないだろうか。フィールドワークの体験は、個別具体的であるが、そのなかに、何か普遍抽象的なテーマを見いだすことはできないだろうか。自分の体験を言語化し、他の文脈での適用可能性を考えることによって、フィールドワークの「実践（行動）」と「概念（思考）」が結ばれることになる。こうして、身体的な知識は、概念として整理され、「経験のレパートリー」として蓄積される。その知識は、つぎのフィールドワークで呼び起こされ、具体的な行動を伴うかたちで活かされることになる。こうした行動と思考との連係こそが、実行力の源泉となるのである。

2　フィールドワークをはじめる

◆まちは刺激に満ちている

　前述のとおり、私たちには、創造力を身につけることが求められている。「キャンプ」は、オフィスや教室の外に出て学び、創造力を培うための仕組みである。単純なことながら、私たちの思考と行動を結ぶために

は、まずは、まちを歩くことからはじめよう。フィールドワークという営みは、たんに足を動かすばかりではなく、人とのあたらしい関係性や、ふだんとはことなる価値観に触れるという意味で、欠かすことができない。以下では、具体的な実践を紹介しながら、「キャンプ」という仕組みに、何が求められるかについて考えてみたい。

①見る

　「経験学習」の理論にもとづいて考えると、まずは具体的、直接的な体験が重視されることになる。ここでは、「キャンプ」を具体的に構想するきっかけになった、柴又でのフィールド調査を紹介しよう。
　そもそもこの調査は、葛飾区に本店のある亀有信用金庫で働く筆者の友人とのちょっとした会話から、具体化したものである。かねてから、カメラ付きケータイをもちいたフィールド調査の可能性について、少しずつ研究をはじめていたので、まずは、学生たちとまちを歩いてみることにした。2004年の秋、20名ほどの学生たちとともに、柴又での調査を実施した。大部分の参加者にとって、柴又を訪れるのはこの時が初めてであり、もっぱら「訪問者（観光客）」の立場から、フィールドワークに取り組んだ。調査にあたっては、柴又駅（京成金町線）を中心とするエリアの地図を配布した程度で、とくに詳細なガイドラインはなかった。あらかじめ決められたエリア内を個人またはグループで自由に歩き、気になった〈モノ・コト〉をカメラ付きケータイなどで撮影するというスタイルをとった。途中でお団子を食べるのもいいし、土手でのんびりするのもいい。学生たちは、なるべく広い範囲を歩くことを心がける、という程度の指示だけでまちに散った。お昼をはさんで、およそ5、6時間のフィールドワークをお

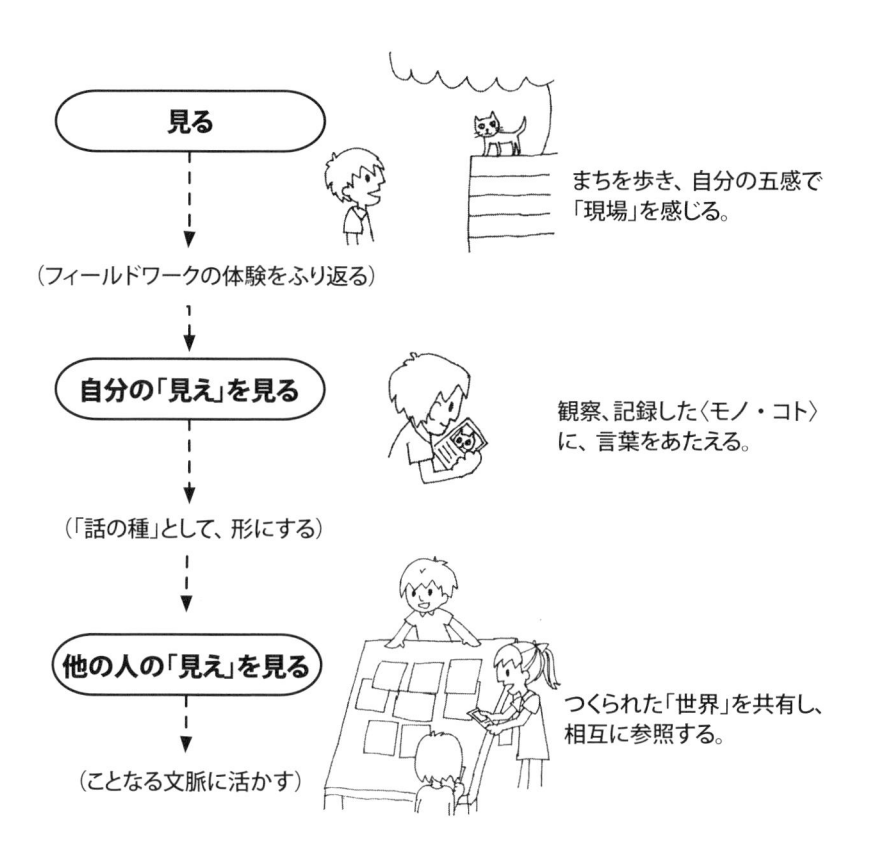

```
  ┌─────────┐
  │  見る   │         まちを歩き、自分の五感で
  └────┬────┘         「現場」を感じる。
       ┆
  （フィールドワークの体験をふり返る）
       ↓
  ┌──────────────┐
  │自分の「見え」を見る│    観察、記録した〈モノ・コト〉
  └──────┬───────┘    に、言葉をあたえる。
         ┆
  （「話の種」として、形にする）
         ↓
  ┌──────────────┐
  │他の人の「見え」を見る│  つくられた「世界」を共有し、
  └──────────────┘    相互に参照する。
  （ことなる文脈に活かす）
```

〈図2-2　準備ができたら、まずは、見ることからはじめる〉

こない、帝釈天の参道にある老舗で食事をして、その日は散会となった。

　本来、フィールドワークは、何らかの「目的」のために計画されるべきものである。調査と呼ぶからには、あらかじめ、ゆるやかな「仮説」（少なくとも、確かめたい事柄）をいだいて、現場に赴くことが求められる。その意味では、上述のやり方は、フィールドワークとは言えない、カジュアルなまち歩きにすぎないものだという意見もあるだろう。

　だが、最初にやるべきことは、私たちの五感を開放して、まちを感じることである。「頭」の肥大化を招いたのは、その単純なことを怠ってきたことと無関係ではないはずだ。この柴又での試みは、ゼミ活動の一環であるため、あらかじめ日を決めておき、半日ほどまちを歩きまわるという設定だったが、もっと単純なことからはじめればいい。毎日の通勤時間でも、あるいはちょっとした空き時間でもかまわないので、しばし「観光客」になったつもりで、まちを眺めてみる。まずは、「とにかく、見てみよう」という感覚で、外に出ることだ。目指すべきは、フィールドワーク的な思考を、日常生活のなかで習慣づけることである。このとき、ただ「見る」だけではなく、かならず、自分が、何をどのように見たのかを記録しておく。その記録（たとえば、写真）が、思考と行動とを結ぶのに、重要な役割を果たすことになるのだ。

②自分の「見え」を見る

　数週間ののち、学生たちは柴又フィールドワークの調査報告をまとめた。「よそ者」が、何をどのように見たのかを形にするため、ポストカードをつくった。表の面には、一人ひとりがまちを歩きながら撮った写真を並べ、裏には柴又で見た〈モノ・コト〉についての所感を400字程度でま

とめた。短い文章ではあるが、自分が語るフィールドワークの「物語」に責任を負うことを意識するために、それぞれの名前を明記した。いわゆる報告書の体裁ではないが、ポストカードには、学生たちのまち歩きの体験が凝縮されている。学生の分にくわえて、筆者も作成したので、20数編のフィールドワークの「物語」がポストカードになった。たとえば、以下のような文章が綴られた。

「……よく目についたのが植木やプランター。ごちゃっとしているようでも、ちゃんと花をつけていて個性豊かだ。それらはいたるところ、曲がり角の足元や、小さな喫茶店、ガードレールに寄り添うように置かれていた。いや、彼らは居た、と言えると思う。そこだけ、声や音が聞こえるかのように賑やかなのだ。」 　　　　　　　　　　（鎌田朋子「音」より）

「ふと住宅や商店の前、路地に目を留めると、そこにはたいてい自転車がとまっている。自転車はその土地で生活する人びとにとって歩くよりもずっと速く、遠くに行くことのできる便利な足となる。柴又にちりばめられているそのもうひとつの足を眺めていると、乗っている人まで見えてくるような気がする。サドルが濡れないように、ビニール袋をかける。ハンドルを握る手が寒くならないように、ハンドルカバーをつける。仕事で使えるように、荷台やカゴを改造する。使い込まれた自転車には、柴又で生活する人びとの工夫がぎっしり詰まっている。そして、そんな自転車の側には、子どもの遊び道具が置かれていたり、仕事着が干されていたりする。猫も生活している。」

　　　　　　　　　　　　　　　　　　（鹿野枝里子「自転車のある風景」より）

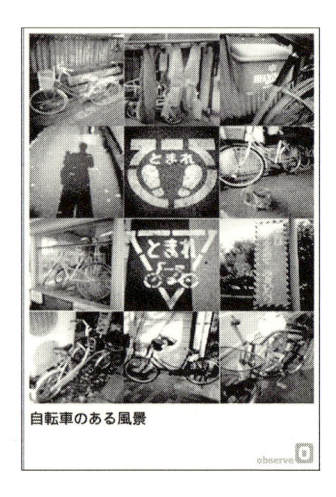

〈図2-3　フィールドワークの成果をポストカードにまとめる〉
　　　——フィールドワークが終わったら、写真と文章を組み合わせて、それぞれのまち歩きの体験をポストカードにまとめてみる。ポストカードという形になると、アイデアを交換したり、共有したりすることが容易になる。

フィールドワークでは、一人ひとりが五感を使って、まちを体験する。フィールドワークの最中は、まさに歩くこと、足を動かすことが、自分の状況を成り立たせている。もちろん、「頭」も動いているはずだが、現場の流れに身を任せているときは、もっぱら、まち歩きを「すること（doing）」こそが、おもな活動となっている。まちを歩きながら、ある種の没入感を味わっているときは、足は自然に動くし、カメラのシャッターを押す指も敏感に反応する。このような現場での体験をふり返りながら、自分が何を見ていたのかを考えてみる。それは、自分が見ていた〈モノ・コト〉ばかりでなく、一連の〈モノ・コト〉をある観点から見ていた、自分自身への洞察でもある。たとえば、まちのなかに、自転車がどのように置かれていたかという一節は、自転車のことだけではなく、自転車を見ている自分についての記述でもある。

　のちに、調査を実施したまちに暮らす人びとにも、その成果を還すことを想定して、ポストカードという身近な媒体をえらんだ。文字どおり、ポストカードであるから、切手を貼りさえすれば、多くの人の目に触れることになるし、机に並べて、誰かと一緒に眺めることも容易である。どのような媒体でまとめるかは、技術や費用の問題とも密接に関わっているので、その都度、最適と思われるものをえらべばよい。重要なのは、自分の「見え」に言葉をあたえ、その「世界」を他の人とやりとりできるような形にすることである。これは、すでに日記や写真のアルバムなどで、実現されているが、誰かに読まれる、見られることを想定して、「世界」を形にしてみる。「読者」を頭に想い浮かべることで、自分の体験に対してあたえる、言葉への責任感にも意識がおよぶはずである。

③他の人の「見え」を見る

　ポストカードは、信用金庫や参道の店舗を中心に無料で配布したが、こうした何気ない日常への素朴な「気づき」が、とても新鮮に受けとめられたようだ。まさに、「よそ者」ならではの視点が評価されたと言えるだろう。訪れる観光客の数が減っているとはいえ、柴又にはランドマークがいくつもある。柴又帝釈天（経栄山題経寺）や寅さん記念館、矢切の渡し、そして映画にも度々登場する老舗の川魚料理の店など、「柴又らしい」イメージがある。学生たちも、こうした一連の「柴又らしさ」を切り取ると思われていた。

　だが、結果としては、地元の人びとの期待を、いい意味で裏切る結果になった。学生たちが撮影した写真は、お決まりの「柴又らしさ」ではなく、地域にとっての「あたりまえ」を際立たせることになったのである。バス停の脇に置かれた古いイス、鍵をかけずに開け放たれた玄関、布団干しと化した自転車など、地域に暮らす人びとなら、わざわざカメラのレンズを向ける対象ではない情景が写された。じつは、こうした微細な〈モノ・コト〉こそが、時間をかけて培われてきた「場所」の魅力に深く関わっているのではないだろうか。私たちが作成したのは、観光地で売られているようなポストカードではないが、「あたりまえ」になりすぎて、見えなくなった「世界」へといざなうものなのである。

　一人ひとりが自分の「見え」を形にすることで、他の人びととの共通点や相違点を考えることができる。とくに、ポストカードのように手触り感のある、身近な媒体にしておけば、それは「話の種」として、コミュニケーションを誘発するのに役立つ。自分にはない、あたらしい観点に触れることは刺激的であるし、まちや地域についての発見にくわえて、言葉をあ

たえた人の思想や考え方を理解するきっかけにもなる。形式化されるのは、まさにひとつの「世界」なのであって、えらばれた言葉に、まちを歩いた人の経験や価値観が埋め込まれている。

◆場数を増やす

　まずはまちを歩くことからはじめ、見たこと、感じたことを整理して、何らかの形にする。その形になった〈モノ〉（紹介した例ではポストカード）を共有、流通させることで、私たちの「世界」のあり方を、一歩ひいたところから再認識する。本書では、こうした一連の流れを、フィールドワークの基本的な構成として考えている。

　だが、これだけでは、創造力を身につけることには直結しない。つぎの段階としては、こうしたフィールドワークの方法を、自分なりにデザインしてみることである。大学のゼミ活動として実施する場合には、ある程度のお膳立てが伴うが、日常生活のなかでフィールドワークを習慣づけるためには、自分のライフスタイルに合った、フィールドワークのすすめ方を考えることが重要な課題となる。いっぽうでは、ふだんの生活リズムに干渉しない、無理なく続けられるような活動内容を工夫し、同時にそれが、「あたりまえ」となった〈モノ・コト〉の再発見、再評価に結びつくような方法を考案するのである。それは、フィールドワークをつうじて、現場での実現可能性を確認しながら、設計されることになる。

　もっとも単純には、同じ方法を、べつのまちで試してみるというやり方である。まち歩きの実践や、成果のまとめ方などを、ほぼ同じ構成で続けることで、比較も容易になる。また、同じ場所で、ちがった関わり方を模索する方向性も考えられる。重要なのは、ここで紹介した基本的な構成

を、あたかも決められたやり方として理解しないことである。他の事例にも目を向けながら、さまざまなバリエーションを考えることが、自分の身の丈に合ったフィールドワークの設計に結びつく。たとえば、同じまちであっても、人びととの関わり方を変えることで、「見え」は確実に変化する。

　フィールドワークは、最初の段階では、さほど人びとと関わることなく、文字どおり「外から」まち並みや暮らしを眺めているだけでも、さまざまな発見がある。しかしながら、まちを知ろうとするかぎり、何らかのかたちで人との接点を持たざるをえなくなる。道を聞いたり、買い物をしたりする程度のやりとりが、やがては、その「場所」について興味ぶかい話を聞かせてくれる、貴重な「情報提供者（インフォーマント）」との関係性に発展することもある。

　プロのフィールドワーカーたちは、初対面の人であっても、巧みに距離感を調整して、話しやすい雰囲気をつくり出すことがある。うまく言葉では説明できない、不思議な「空気」によって相手をリラックスさせ、「隙を見せてもいい」と思わせるのだ。こうして、一歩でも奥へ入ることができると、まちや地域の理解は格段に変化する。「外から」だけではわからないことが、たくさんあるからだ。フィールドワークに不慣れで、しかも、半日ほどの滞在の場合には、わずかでも「内側」に入るための工夫が必要になる。

　ふたたび、柴又での調査を例に説明しよう。ポストカードの配布や意見交換会を経て、私たちと柴又のコミュニティとの関係性が少しずつ育まれていった。第1回目の調査からおよそ半年後、2005年4月、第2回目の調査をおこなうことになった。前述のとおり、最初の調査は、「よそ者」と

して、つまり「外側」から、まちを見ることが課題であったが、今度は、少しだけ「内側」に入ってまちを眺めてみることにした。つまり、関わり方を変えてみたのである。そこで、「ぷちインターンシップ」と称して、現場で職業体験をしながらフィールドワークをおこなうというアプローチを試みた。「ぷちインターンシップ」は、半日ほどの職業体験をしながら観察や記録をすすめるもので、柴又の人びとは、このアイデアを好意的に受け入れてくれた。鰻屋、団子屋、漬物屋、佃煮屋など、参道の店舗を中心に11カ所が、学生たちの「見習い」先としてえらばれた。この調査には24名の学生が参加し、10の店舗に2名ずつ、そして大きめの店舗には4名を「配属」するかたちで調査がはじまった。

　事前の打ち合わせは、半日の「見習い」として学生を受け入れてもらうということだけで、それぞれの対応については、各店舗にすべてまかせることにした。あとから学生たちに聞いたところ、それぞれの「配属先」によって、その体験はさまざまであった。昔気質の厳しい「見習い」経験をした学生もいれば、そのいっぽうで、仕込みの様子などを細かく説明してもらい、親切にシャッターチャンスまでもアドバイスを受けた学生もいた。もちろん、半日ほど店先に立つくらいで、柴又の老舗を理解することはできない。目に見えないルールやしきたり、仕事のしかたを観察、記述すること自体は非常に興味ぶかいテーマで、ある程度の時間をかけて取り組むべき課題であろう。とはいえ、わずか半日であっても、「内側」から見る人びとの暮らしは、発見に満ちている。このときも、同様にポストカードを作成したが、たとえば、学生たちは、職業体験をつぎのようにふり返っている。

〈図2-4 「ぷちインターンシップ」の試み（柴又，2005年4月）〉

「……大きな塊が一瞬にして小さな団子に生まれ変わり、その生まれたばかりの団子達を一つ一つケースに収めていく。素早くしないと団子が手にくっつき変形してしまうからかなりの反射神経が必要だ。また、団子はとても乾きやすい。乾燥から守るため、こまめに蓋をする。そうする事で表面もやわらかでもちもちした状態の団子をお客様に届けているのだ。

　客が客を呼ぶと言うが、来ない時は全く来ない。団子が売れなければ退屈で寂しいが、一気に団子が売れてしまっても嬉しい反面少し切ない。花の命は短いと言うけれど、団子の命の方がずっと短い。」

（張紗智「うちの団子、よその団子」より）

「お店の裏に案内されると、そこにはたくさんの鳥籠があって、もう少し奥に調理場があった。中には湯気が白く立ちこめて、時計の針も確認できないほどだ。親父さんはくず餅を素早く型に流し込んだ。その次は芋羊羹。四角い型においしそうな黄色の芋をぐぐっと押し込む。

女将さんは話が上手くて、そのうえ話題も多いものだから、止まらない。お店を動かしながら、海外旅行や二人の息子さんの話。お店の古い写真を見せてもらったときには、たしか喋り始めて一時間以上経っていたはずだが、かと思うと、気がついたらお昼の準備をもう済ましている、この手際の良さなのである。」 （斎藤卓也「お店がお家」より）

この「ぷちインターンシップ」をつうじて、学生たちは、ふだん見ることのできない厨房や仕込みの様子を観察することができた。素朴なことながら、「観光客」として店のカウンターの「外側」に立つのと、不完全ながらも「見習い」として「内側」から道ゆく人びとを眺めるのとでは、まったくちがう。目の前の風景は、文字どおり180度反転するからだ。そして、法被を身につけていることで、気分は大きく変わる。忙しく動き回りながら、店頭にモノが並ぶまでの過程が、じつに細やかな調整や段取りによって成り立っていることを目の当たりにする。

何よりも、地域の人びととのコミュニケーションの機会が生まれたことが、この実習の成果だったと言えるだろう。とにかく、言葉を交わすことが、まちを理解するためには不可欠である。短い時間ではあるものの、この職業体験は、地域コミュニティでの関係形成をおこないながら、「現場」での居場所を獲得していくという、フィールドワーカーにとって重要かつ繊細なテーマに直結しており、その一端を学ぶ機会になったはずであ

る。これは、結局のところ、自分と他人との距離感をどのように理解するかという問題なので、経験を積みながら学ぶことになるだろう。じつは、これほどまでお膳立てをしなくても、「よそ者」は、訪れたまちで人と出会い、言葉を交わすことができるのだが、そのきっかけづくりが重要なのである。ひとたび、もう一歩「奥へ」入る経験をすれば、以後は、さほど抵抗感なく、人との関わりを持ちながらフィールドワークを続けていくことができる。

◆「問題解決」から「関係変革」へ

　柴又でのフィールドワークは、いろいろな意味で、「キャンプ」というアイデアの源泉になっている。柴又での二度の調査ののち、縁あって、金沢市（石川県）の商店街を中心とするエリアでも、同様の調査をおこなった。まずはまちを歩くことからはじめ、気になった〈モノ・コト〉をカメラ付きケータイなどで撮影し、それぞれのフィールドワークの体験は、ポストカードのかたちでまとめた。訪れた土地はことなるが、フィールドでのふるまいや、データの収集、整理の方法は、徐々に整理されていった。そして、こうした一連の調査は、大学と地域との関わりについて、あらためて考えるきっかけになった。

　そもそも、調査活動は、誰のために、何のためにおこなわれているのだろうか。柴又の調査に関して言えば、直接のきっかけが、筆者の学生時代からの友人とのやりとりだったために、じつは、事前に明確な調査の計画があったわけではない。ゆるやかな結びつきのなかで調査が実現したので、成果に対する期待もさほどなかったし、逆に、成果を出さなければならないというプレッシャーを感じることもなかった。ふり返ってみると、

このことが幸いして、まちや地域コミュニティを理解する方法について、のびのびと考える機会を得ることができたのではないかと思う。事前に意識していたのは、せいぜい、学生たちにとって安全な実習環境を確保するということぐらいで、あとは、「やってみなければ、わからない」というスタンスで臨んでいたのである。つまり、教員という立場で、学生たちに学びの場を提供することを優先的に考えていたので、まちや地域のために何らかの結果を出すことは、あまり意識していなかった。いささか不遜なようだが、もっぱら、自分たちのための調査という想いのほうが強かったと記憶している。

　これは、普通ではあまり考えられないやり方である。というのも、通常、調査と呼ぶからには、その目的や方法、期待される成果などが、あらかじめ明示されていることが多いからである。とくに、委託調査や共同研究という形式で実践される場合には、実行スケジュールや調査に関わる予算までもが事前に細かく決められている。つまり、調査に先立って、何らかの「問題」が設定されており、その「こたえ」を見いだすために調査がおこなわれると言ってもいいだろう。その「問題」が具体的であればあるほど、フィールドワークのすすめかたや成果のまとめかたも、詳細に指定されることになる。これは、「問題解決」志向とも言うべき発想にもとづいている。委託調査や共同研究の多くは、「問題解決」を主たる方向性として共有しているため、活動内容は、おのずと具体的になり、調査に関わる時間的、人的費用も明快である。大学の研究室と地域コミュニティとの関わりは、さまざまなかたちで実現されており、とくに近年は、「産学連携」をキーワードに、あたらしい取り組みがはじまっている。そして、「問題解決」志向の発想によって、時として、あたらしい「ビジネスモデ

ル」が生まれる結果にもなる。

　いっぽう、私たちの調査は、大まかな方向性のみが決まっており、あとは現場で、逐次調整や修正をくわえながらすすめられた。あらかじめ「問題」が明確に設定されていない、という意味で、「問題解決」ではなく、むしろ「問題発見」に近い。さらに言えば、一連の試みは、「よそ者」の立場で地域に暮らす人びととの距離感を調整していく、「関係変革」を目指すものだったと理解することもできる。それは、決して予備調査のようなものではなく、フィールドワークという方法をつうじて、あたらしいまちの理解を創造するものであった。

　柴又という土地柄に特有の雰囲気や、人情の温かみが少なからず影響しているとは思うが、私たちは、柴又でのフィールド調査をつうじて、大学と地域との間に形式的な取り決めがなくても、活動できるのではないかという感触を得た。もちろん、お金をかけずに済むと考えているわけではない。ポストカードをつくるとなれば、印刷費が必要になるし、移動には交通費もかかる。いろいろな面で、地域の人びとに協力してもらう必要も生じる。だが、少なくとも、私たちと地域コミュニティとの間には、できるかぎり形式的なつながりを持たないことが、のびやかな発想を誘発することも事実であろう。何らかの「契約」にもとづいて調査をするのではない。何らかの、決められた成果が要求されることもない。「ボランティアモデル」ともいうべき考え方で、一連の調査活動を実践することによって、大学と地域とのあたらしい関係性を構築することはできないだろうか。

　たとえば、「ぷちインターンシップ」の試みは、大学と地域を結ぶひとつのあたらしいモデルとして考えることができるだろう。わずか半日のお

手伝いであるから、「一宿一飯の恩義」ならぬ、「一服一串の恩義」という関係性である。学生たちは、ふだんより、もう一歩「内側」に入れてもらって、半日ほど「見習い」として仕事をする。店の手伝いはするが、それは体験的な実習の一環なので、いわゆるアルバイトとしての扱いは必要ない。まかないの昼食をごちそうになったり、休憩時間に店で売っている草団子を一串頂戴したりする。それだけで、現場は、さまざまなことを学ぶことのできる「教室」として機能する。そして、お礼の気持ちを込めてその日の体験を綴ったポストカードを作成し、それを届けにふたたび現場を訪れる。そこでまた、お茶をご馳走になって、数週間前の「ぷちインターンシップ」をふり返りながら言葉を交わす。こうして、少しずつ地域の人びととの関係性が育まれていく。いずれは、見知らぬ土地を訪れても、人と接することにさほど気負いや抵抗感を持たないようになるはずである。

　フィールドワーカーは、現場で見たこと、感じたことを「物語」として表現する責任を負う。調査報告書が、時として金銭的な価値を持つことは事実だが、純粋に考えるならば、調査結果に対価を求めること自体は、目的ではないはずだ。むしろ、人と触れ合い、学ぶ機会を得たことに対する感謝の気持ちや、あたらしい発見を人びとと分かち合いたいというコミュニケーション欲求によって、フィールドワークの「物語」は綴られるのである。「キャンプ」は、「問題解決」への志向から、しばし方向を転換し、「関係変革」のための営みとしてフィールドワークを位置づける試みである。そこでは、ボランタリーな関わりが、正統に評価されるような仕組みづくりが求められる。

　創造力を育み、それがさまざまな現場で活かされるようにするためには、まちで何をどのように学ぶかを、みずからがデザインする必要があ

る。私たちの活動に関して言えば、グループとしての自律性をどのように確保すればよいか、成果をどのように地域に還すかというふたつの課題を、とくに重要視している。そして、この考え方をわかりやすく説明し、共感を得ることが、活動を継続させるために欠かすことができなかった。具体的な調査の方法や、成果のまとめかたについては、おそらくさまざまなバリエーションが考えられる。技術の進歩も、調査や成果のあり方に影響をあたえるはずだ。それについては、状況に応じて、一番適切だと思われる方法を、その都度えらべばよい。重要なのは、創造力の源泉となるのは、ある特定の「能力」や「方法」ではなく、自分が人びととどのような関係性を築くか、そしてその関係性を維持するためには何が必要かについて、熟知しようと試みることである。

3 「キャンプ」の思想

◆できるだけ現地で調達する

　フィールドワークには、できるかぎり身軽になって、出かけたいものだ。現場でのフットワークを軽くするためにも、あまり、大げさな道具を持ち歩かないようにしたい。「キャンプ」の装備にも、工夫が必要なのである。それは、出張に出かけるサラリーマンが、極力荷物を減らす努力をするのと似ている。私たちが構想している「キャンプ」は、いわゆるアウトドアの活動ではないので、まちで何を調達できるのかを検討しながら、自分たちで携行するべき道具立てを考えることになる。のちに詳述するように、ケータイは、いわば十徳ナイフのように、私たちのフィールドワークには欠くことのできない装備のひとつだと言えるだろう。

カバンに何を詰め込むかは、どのような場所に赴くかによって決まる。たとえば、オフィスや教室の「外」に、仕事や課題を持ち出すことを想定しながら、まちを眺めてみる。コンビニエンスストアは、いまや、いたるところにあるので、たとえば乾電池や文房具は、持って行かなくてもなんとかなる。コピーやファックスも使うことができるし、もちろん、食料品や飲み物も手に入る。最近では、カフェやファーストフード店が無線LANのアクセスポイントになっているので、必要に応じてインターネットは利用可能だ。カメラ店があれば、デジカメの画像を即座にプリントすることができる。

　このように、手ぶらの発想で「キャンプ」の実践を考えると、自分たちの活動に何が必要なのかがわかる。それは、まちに何を求めればよいかを知ることでもある。山や渓谷に出かけるキャンプに、サバイバル・ギアが求められるのと同じように、「キャンプ」には、まちで手軽に活用することのできる基本的な環境が必要となる。私たちは、フィールドワークの実践を重ねながら、まちや地域に偏在する、「キャンプ」のための機能を整理しつつある。重要なのは、すべてを自前で調達し、持ち運ぶ必要はないという点である。多くのものは、フィールドワークというプロセスのなかで手に入れるというスタンスが基本なのだ。

　現地で調達するのは、電池や文房具の類だけではない。まさに、フィールド調査のテーマそのものを、現場で見つけなければならない。限られた時間のなかで、まちや地域を歩くことをつうじて、「課題」を調達するのが「キャンプ」の醍醐味でもある。基本的な道具立ては持って出かけるが、何をするかは、〈その時・その場〉で決めるのが本質なのだ。そのために、私たちのフィールドワークでは、できるかぎり事前の予習をしない

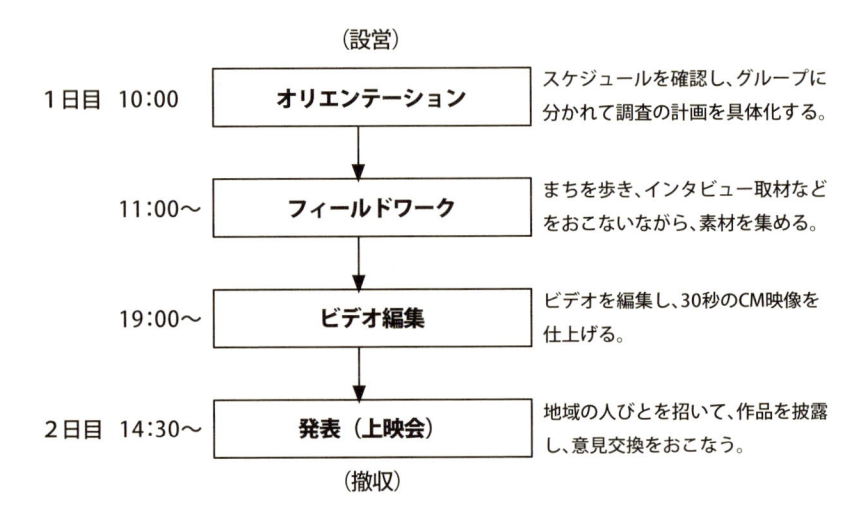

```
1日目 10:00    (設営)
               オリエンテーション      スケジュールを確認し、グループに
                                       分かれて調査の計画を具体化する。
                     ↓
      11:00〜  フィールドワーク        まちを歩き、インタビュー取材など
                                       をおこないながら、素材を集める。
                     ↓
      19:00〜  ビデオ編集              ビデオを編集し、30秒のCM映像を
                                       仕上げる。
                     ↓
2日目 14:30〜  発表（上映会）          地域の人びとを招いて、作品を披露
                                       し、意見交換をおこなう。
               (撤収)
```

〈図2-5 「キャンプ」のデザイン（坂出フィールドワーク，2007年8月）〉

ようにしている。訪れるまちの人口規模や構成、経済指標くらいは調べておきたいところだが、あたりまえとなった日常性を脱するためにも、不勉強なままでもかまわないことにする。もちろん、厳密に言えば、偏見や先入観もふくめて、私たちはすでに当該の地域に対するイメージを抱いているので、完全に「無知」な状態でまちを歩くことは不可能かもしれない。このやり方について、異論を唱える人もいるが、やはり、現場で発想することを重視したいと考えている。周到に準備しておいても、実際に、フィールドでは何が起こるかわからない。自分たちの状況を判断し、適切な行動に結びつけるセンスや能力が、「キャンプ」によって育まれるはずである。

　ここで紹介している事例は、大学におけるゼミ活動の一環なので、まち

や地域コミュニティに滞在、滞留することのできる時間は限られている。事後的に調査結果をまとめて報告することはあっても、調査対象となった地域に何かを還す試みは、まだ少ないのが現状である。それをふまえて、あたらしいフィールドワークの方法を実践することが、「キャンプ」の目指す方向性である。短期集中型のフィールドワークとして、赴いた先で、まちや地域を理解するための調査を立案し、必要な素材や装備を調達しながら、その場で成果物をつくりあげ、公開・発表をおこなうところまでを「キャンプ」として構想してみたい。

　たとえば、2007年の夏、私たちは坂出市（香川県）でフィールドワークを実施した。一泊二日の旅程で、20名ほどの学生が参加した。この時は、あらかじめ商店街のエリアを題材にした、30秒のコマーシャル（ビデオクリップ）を作成するという課題を設定してあった。

　まず、初日の朝から、学生たちは4つのグループに分かれ、ビデオカメラを手にまちを歩いた。「よそ者」の目線でインタビュー取材などをおこないながら、素材集めをすすめ、その晩は、宿に戻って、すぐにビデオ編集を開始した。最近のノートPCであれば、数十秒のビデオクリップ程度の動画編集は容易にできるので、それぞれのグループごとにディスカッションをすすめながら、編集に取り組んだ。グループでの作業なので、メンバー一人ひとりのセンスやテクニックだけではなく、コミュニケーション能力も問われることになる。翌日の午後までという時間的な制約のもと、学生たちは夜を徹して編集をすすめた。

　二日目の午後は、商店街にほど近い民家を借りて、それぞれのグループの作品の上映会を開催した。直前まで編集作業がおこなわれたが、無事にすべてのビデオ作品が完成し、お世話になった地元の方々を招いて作品を

披露した。このようにして、「キャンプ」をおこなった現場で、場合によっては被写体としてビデオに登場している人からも、直接、感想やコメントを聞くことができた。わずかな時間ではあったが、「よそ者」である大学生のものの見方を、そこに暮らす人びとに評価してもらう場は、とても貴重だった。作成したビデオをはじめとする資料は、どの程度の実用性があるかはわからないが、必要であれば自由に活用してもらえるように公開している。

◆「グッドプレイス」をつくる

「キャンプ」は、オフィスや教室をまちへと拡げて、あたらしい「場所」をつくる試みである。現地調達の志向で考えれば、活動内容も方法も、できるかぎり出向いた先で決めることになる。〈その時・その場〉にふさわしいと思われる課題を設定し、あたえられた時間のなかで、成果をまとめるという、一連の過程が「キャンプ」を特徴づける。とはいえ、「キャンプ」は、都市空間での学習を目指した活動なので、まちで目にすること、感じることが、活動内容に反映される。その意味では、「キャンプ」活動の背後には、まちや地域に関わる大きなテーマが流れていると言えるだろう。

そもそも、「キャンプ」という発想は、「場所」がもつ吸引力や磁力ともいうべき力への関心に端を発している。「場所」には、不思議な力があるのだ。アメリカの都市史学者・建築家のドロレス・ハイデンが言うように、それは、「ごくふつうの都市景観に秘められた力であり、共有された土地の中に共有された時間を封じ込め、市民が持つ社会の記憶を育む力」(『場所の力：パブリック・ヒストリーとしての都市景観』, 2002)で

ある。うまく言葉にできないものの、誰もが、どこかの「場所」に魅力的なイメージを抱いた経験があるはずだ。それは、個人的なもののように思いがちだが、じつは他人と共有できるイメージであったり、あるいは長い時間、人びとによって維持されてきたイメージであったりする。

　まちをぶらついていると、「一見さんお断り」の空気を放っている店があるいっぽうで、えも言われぬ雰囲気に惹かれて、思わずドアを開けてしまう店もある。「シャッター通り」と呼ばれている寂しげな商店街を歩いていても、必ずと言っていいほど、明るさを感じさせる「場所」に出会う。いたるところに、「グッドプレイス（good place）」があるのだ。創造性に富み、活気のある「場所」はどのように生まれ、維持されるのか。「よそ者」の目線で、こうした問題に取り組むことで、あたらしい地域の理解を創造することができるはずだ。

　フィールドワークをはじめれば、「場所」が、たんなる物理的な環境ではないことに、すぐに気づく。人と人とが出会い、ある種の集まりが前提となって「場所」が生まれる。その意味で、「場所」はコミュニケーションの問題としてとらえてみる必要がある。およそ15年前、アメリカの社会学者、レイ・オールデンバーグは「サードプレイス」というコンセプトを提唱し、「家庭」そして「職場（学校）」につぐ「第三の場所」の重要性を示唆した。私たちは、いつでも、ふだん着感覚の、インフォーマルな集まりを求めている。家でも職場でもない場所で、リラックスした雰囲気を味わうことが、人びとに安心感をもたらすのである。スターバックスを世界的な規模に育て上げたハワード・シュルツは、『スターバックス成功物語』のなかで、オールデンバーグの論点をつぎのように整理している。

「ドイツのビアガーデン、イギリスのパブ、フランスやウィーンのカフェは、日常生活のはけ口の場となっている。そこは中立地帯であり、皆平等で、会話が主たる活動となる。アメリカでも、かつては居酒屋、床屋、美容院などがそういう場所だった。だが、郊外化の進展とともに、これらの場所は姿を消しはじめ、自己充足的な郊外型住宅に取って代わられた。」（小幡照雄・大川修三訳）

こうした場所は、人びととの出会いや、あたらしい関係性の醸成に不可欠なのである。オールデンバーグは、「第三の場所」を成り立たせる要件として「ローカル」であることの重要性を示唆している。それは、まさに〈いま・ここ〉の問題である。「いつでも・どこでも」を謳う「ユビキタス社会」であるからこそ、〈いま・ここ〉の意味、意義が際立つことになる。ときには、自然発生的に生まれる「場所」が、創造的なコミュニケーションの体験に結びつくことがある。よりユニークで、〈その時・その場〉で得られる「何か」があればこそ刺激的で、人びとを惹きつけるのである。絶え間なく創造性を喚起し、さまざまな人との多様な接触を実現する「場所」が、まちづくりや地域づくりに求められているとするならば、それは「ローカル」であることの特質を活かして考えていく必要があるかもしれない。

近年、まちにある空き家、空き店舗を、カフェやギャラリー、イベントスペースとして再活用する試みがなされている。「チャレンジショップ」と呼ばれるような、学生に向けた経営体験プログラムの取り組みもある。これらは、まちに活力をもたらす（あるいは取り戻す）方法として、注目されているようだ。まちづくり、地域づくりに興味を持っている人は少な

くないので、こうした拠点ができれば、おのずと人が集まってくる。写真展、トークライブ、ミニコンサート、一日シェフなど、規模はちいさくても、人びとの参加を促す「場所」が生まれるのである。こうした拠点は、地域に暮らす人びとにとっての創造的な「場所」としての役割を担うことになるだろう。

　「キャンプ」は、こうした創造的な「場所」を、即興的につくる試みとして理解できる。それは、移動型の「グッドプレイス」をつくることである。その実現には、手ぶらに近い状態でも、豊かな「場所」を生み出す方法を考えなければならない。私たちの頭の中には、たくさんのアイデアが詰まっている。奇抜な発想、ウワサ話、哀しい体験、嬉しかった話など、人と人との集まりのなかで、起伏に富んだ一人ひとりの「物語」が交錯し、創造的な時間が生まれる。もちろん、まちで気づいたこと、感じたことは、ひとつの共通体験として、〈その時・その場〉の集まりを、より緊密なものにする。さらに、ケータイなどの情報端末があれば、その場でネットワーク上に「置いてある」さまざまな情報を取り出すこともできる。たとえば写真（アルバム）は、イメージを喚起し、コミュニケーションを活性化するきっかけになるので、みんなで端末の画面をのぞき込めば、会話がはずむ。こうして立ち上がる「場所」は、やがては解散する集まりだが、かけがえのない「グッドプレイス」になるはずだ。

　大道芸人たちは、トランクひとつでまちを巡る。トランクの中から道具を取りだし、あっという間に、路上を「劇場」に変えることができる。「キャンプ」は、この大道芸人たちのスピリットで、まちを「教室」にする。それは、たとえば、家庭とキャンパスのあいだにあって、生まれては消える「場所」である。もはや、「教室」という言葉は不適切かもしれ

ない。必要なのは、私たちが、まちや地域コミュニティで学ぶための「場所」づくりなのである。

◆「あちら側」を活用する

　フィールドワークには、フィールドノート（調査日誌）が不可欠である。現場での体験が、できるだけ新鮮なうちに、気づいたこと、感じたことなどを書き留めておくと、あとで役に立つ。書くことによって、調査に関わっていた自分をふり返りながら、感情を整えることもできる。ジョン・ヴァン・マーネンが『フィールドワークの物語』で述べているように、文化はそれを再現し、表現しようとすることをつうじてのみ、見えるようになる。すなわち、「フィールドワーカーはフィールドワークの経験を、自意識的に選択した言葉で書いて報告しなければならない」のである。そのための素材を、どうやって集め、活用するかが、私たちが人びとの生活を描写する力を大きく左右する。フィールドノートの中心となるのは文字であることが多いが、写真や音声などのデータも、現場での体験を綴るための素材になる。観察・記録の方法はさまざまなメディアの活用によってつねに変化しており、従来型のメモやスケッチという方法に加えて、最近では、ウェブ日記やブログを活用して、フィールドノートを綴ることもある。

　これまでは、収集された一連のデータを蓄積、参照するための仕組みは、調査者が自分で調達し、メインテナンスまでおこなう必要があった。費用のこともふくめ、膨大なデータを、どのように保存し、活用するかについて、私たちはつねに頭を悩ませてきた。また、共同研究などの場合には、複数の調査者どうしでデータを共有する必要があり、書式を統一した

り、データの保存形式を決めたりするのに、少なからぬエネルギーと時間を投じることになる。だが、ここ数年で身近になった、写真や動画の共有サイトなどは、フィールドワークのデータベースとして活用できる。現在のところ、フィールドワーカーの欲求をすべて満たす水準ではないが、既存の仕組みを使うことができれば便利であるし、多くの人びとと調査の進捗や成果を共有することもできる。

　たとえば、私たちは、2007年の春から夏にかけて、湘南地域のフィールドワークを実施した。これは、神奈川県の藤沢駅と鎌倉駅を結ぶ江ノ電（江ノ島電鉄）、および大船駅と湘南江ノ島駅を結ぶ湘南モノレール沿線を対象地域として選定し、「よそ者」の目線で地域資源を発見、再発見する目的の調査である。この調査では、データの蓄積、共有を図るために、こうした既存の仕組みの活用を試みた。近年、地域に特化した情報やサービスの提供をおこなう地域ポータルとよばれるウェブがつくられるようになった。

　縁あって、「湘南 Clip」という地域ポータル（湘南密着型ポータル）のスタッフの方々に出会い、ちょうど、ポータルサイトをオープンしたばかりだと聞かされた。そこで、まずは、20名ほどのゼミ生全員とともにユーザー登録をして、毎回のフィールドワークでの所感を綴ったり、写真を載せたりするかたちで使ってみることにした。基本的な機能として、日記（ブログ）とアルバムがあれば、フィールドワークの日誌として活用することができる。大まかなガイドラインとして、三カ月半ほどの調査期間中に、少なくとも10本のフィールドノートを書き、写真もできるかぎり載せるように指示した。各自が、フィールドワークに足をはこぶたびに記事が更新されるので、調査の過程がわかる。また、ケータイからの操作にも対

応していれば、手ぶらに近いかたちで、出先から調査日誌を更新することもできる。

　最近の地域ポータルは、SNS（ソーシャルネットワーキングサービス）の機能を備えていることが多いので、登録したメンバーどうしがお互いのフィールドワークの進捗を見ながら、すすめることができる。また、当然のことながら、コンテンツとして提供されている、タウン情報や地図なども活用できる。さらに、一連の日誌等は公開されているので、他のユーザーとのつながりが、育まれることもある。実際に、学生たちの書いた日誌に対して、見知らぬサイト利用者からコメントが書き込まれたりすることもあった。ネットワークを介して育まれる人とのつながりは、「読者」を意識することの重要性を学ぶ機会にもなる。

　これは、グループで登録して、既存のサービスを私物化するということではない。いま、さまざまなかたちで提供されている地域ポータルやサービスを、知っている者どうしで使えば、簡便なグループウェアになるということだ。フィールドワークをすすめているメンバーが、お互いを見まもりながら、情報交換をしながら、まちや地域コミュニティの理解を創造することができる。

　いわゆる「ウェブ2.0」という環境とフィールドワークとの関係性を考えると、いくつかの変化を予見できる。まず、フィールドワークをつうじて収集されたデータは、できるかぎり「あちら側」、つまりサーバーに置いてしまうという方法である。個人的なエピソードの記録や、ポートレイトは、取り扱いに気を遣うべきものであるから、セキュリティの問題には注意が必要である。だが、手もとにデータを集約しておくと、やがては膨大になり、整理している間に汚破損に悩まされることにもなる。思いきっ

て、大部分を「あちら側」に転送すれば、かなり身軽な気分になる。そして、「こちら側」、つまりパーソナルコンピューターやケータイ側では、もっぱら情報を閲覧・編集するための準備をしておけばよい。フィールドワーカーは、テキストや写真、動画、音声などの記録を、再度「こちら側」に呼び戻して、ひとつの「物語」として編集する。

　また、「あちら側」を活用すれば、複数の調査者の視点を組み合わせたり、比較したりすることが格段に容易になる。たとえば、前述の湘南地域のフィールド調査では、ある学生が訪れたのとおなじ場所に、自分もたまたま足をはこんだことを、ウェブ上の写真アルバムを介して知ることになった。もちろん、最終的な成果物をつうじて、一人ひとりの歩いた軌跡を知ることにはなるが、ある一定の調査期間中に、他のメンバーのふるまいを知るという経験は、グループで実施する調査を質的に変容させるのではないだろうか。同様に、複数のメンバーが撮った写真を時系列に並べるだけでも、あたらしい発見がある。自分の綴ろうとしている「物語」の文脈が、補完されることもある。「あちら側」を積極的に利用することは、私たちを、手ぶらの世界に少し近づけてくれるばかりでなく、あたらしい発想の機会をもたらすと考えられる。

4　継続することの重要性

◆つぎにつなげる

　「キャンプ」を構想するとき、時間的な制約は無視することができない。たとえば学生たちの活動の場合、「課外」であっても、課程の一環であっても、フィールドワークに出かけることのできる時間がかぎられてい

るからである。当然のことながら、ある地域の一年間の移り変わりを観察、記録するためには、一年かかる。実際にその季節の移り変わりと同じ時間を経て、はじめて一年分のデータが蓄積される。データを編集し表現する段階では、一年という時間の流れを、60秒の動画に凝縮して見せることも可能だ。だが、仮に観察を機械まかせにしても、実際に現場に流れる時間は操作することができない。なかには、調査研究のために引っ越しまでして、現場で暮らしながら、フィールドワークをすすめる大学院生もいる。もちろん、継続的に同じ場所に留まれば、地域のことは、より実体験を伴うかたちで理解されるし、人びととの関係性を深化させていくことができるのだが、それはいささか特殊な場合である。ふだんの生活と並行して、フィールドワークがおこなわれるのが一般的だろう。

　外から観察する立場にあるかぎり、まちや地域との関わりは断片的にならざるをえないのだ。それをふまえて考えなくてはならないのは、まちとの断片的な接点しか持ちえない活動を、どのように意味づけるかという問題である。「キャンプ」は、どこかの拠点に固定されないのが特徴であり、良さでもある。解散を前提とした集まりで、やがては「キャンプ」がたたまれるというある種の儚さがあるからこそ、一期一会の感覚を生み、緊密な関係性を醸成することが期待される。ここで注意が必要なのは、やがては撤収するという感覚が、将来の重みを軽んじ、ある種の無責任感を生まないようにすることだ。むしろ、その「場所」を共有することができた偶然を尊び、「キャンプ」の時間を大切にするマインドが求められる。

　「キャンプ」が終わったあとで片づけをするとき、まずは自分たちの出したゴミを拾い、ついでに誰かの落としていったゴミも拾っておく。ほんのちょっとだけ、誰かの分も拾う余裕があれば、結局のところ、その「場

所」に対する愛着も深まることになる。それは、ふたたび訪れるときのための、準備をしておくようなものだ。もともと、地域コミュニティには、ちょっとだけ「お隣りの分」まで掃除をするような、互恵的なふるまいを育む土壌があったはずだ。残念ながら、いまでは、こうした「つぎにつなげる」というマインドは希薄になってしまった。つぎに訪れるのは、自分の後輩かもしれないし、見知らぬ人かもしれない。それでも、しばしの滞在を終えるとき、つぎに訪れる誰かを想う気持ちを、具体的な行動に結びつけることを体験的に学ぶ必要がある。その想いによって、私たちの社会的な記憶が育まれる。

　まちづくり、地域づくりの課題として、リピーターを増やすことが重要視されることがある。たとえば、定期的にお祭りやイベントを楽しんだり、季節の変化を味わったりする人は少なくないし、特定の店に常連として通う人もいる。あるいは、ショッピングなどの目的で、いつも同じ店を利用する場合には、購買という明確な目的がある。リピーターの多くは、何らかのはっきりした欲求によって、くり返し足をはこぶ。いっぽう、こうしたイベントや消費活動を切り離して考えた際、リピーターとは、どのような存在だろうか。

　リピーターという言葉は、もう少し広くとらえると、同じ人がくり返し訪れるという意味ではなく、関係性が引き継がれ、保たれていくこととして考えることができる。それは、まちや地域についての「物語」が、くり返し語られることだと言えるかもしれない。はっきりとした目的がなくても、思わず足を向けてしまうような「場所」について、継続的に語ることが、私たちの社会的な記憶を育むことになる。そのためにも、自分たちがまちを訪れ、何を見て、何を感じたかについて、きちんと整理しておくこ

とが重要な意味を持つのである。たとえ、メッセージを受け取るのが見知らぬ人であったとしても、「つぎにつなげる」ためには、記録は欠かすことができない。たとえばポストカードに綴られているのは、大学生の感想文の域を出ないかもしれないが、ある年にある場所に訪れた若者による「生活記録」であることはまちがいない。

　訪れたまちでの経験は、不思議なことに、自分が思っている以上に記憶に刻まれている。うまく説明できないのだが、テレビのニュースでも、新聞の広告でも、ある特定のまちの名前が聞こえてきたり、文字が浮き上がって見えてきたりするようなことがある。馴染みがなく、地図の上でもどのあたりにあるのかさえ想像できないような場所だったとしても、ひとたび自分自身のまち歩きとして体験すると、「身体が覚える」ということなのだろう。遠く離れていても、まちや自分にとって大切な「場所」を想うのは、それほど難しいことではない。さらに、長いあいだ、ずっと想い続けることもできるのだ。自分が訪れたときの写真が一枚あれば、あるいは、友だちから届いたポストカードが一枚あれば、それは、「場所」を想うきっかけになる。話を聞いた友だちがまちを訪ね、さらに友だちの友だちがまちへと足を運べば、自分がくり返し訪れなくても、関係性は継続する。誰かが、そのまちとの関わりを引き受ければよいのである。

◆メディアとネットワーキング
　フィールドワークは、あたらしい出会いを生む。時には、偶然とも言うべき出会いが、調査を印象ぶかいものに変えてくれる。そして、フィールドワークをつうじた人と人との「つながり」が、活動を継続するための原動力になる。こうした出会いは、さらなる動機づけになるばかりではな

い。実行力を育むための仕組みづくりが、意義ある試みであることを世に問うために、なるべく多くの人に活動を紹介し、「つぎにつなげる」ためのきっかけづくりに役立つ。そのため、活動内容をわかりやすく表現する努力や、人間関係を維持することにも十分に気を配らなくてはならない。さらに、人的なネットワークのみならず、新聞やテレビなどのマスメディアやインターネット環境をつうじて、こうした「つながり」は拡がることになる。興味ぶかいのは、ひとつの「つながり」が、さらに連鎖的にべつの「つながり」を生みながら、活動内容や方向性をゆるやかに決めていく点である。

　たとえば、柴又での調査は、新聞で採りあげられた。協力者である亀有信用金庫の友人を経由して、かねてから取材で柴又にも足を運んでいたという記者が、フィールド調査を見学に来るとのことだった。私たちのフィールドワークは、「柴又観光に慶大生が新風」「街の活性化に若者の力を…」という見出しとともに語られることになった。さほど調査らしい調査をしていた感覚がなかったので、いささか照れくさい記事内容ではあったが、やはり、新聞への掲載は少なからぬ影響力をもつ。すぐに知人から何通かのメールが届いた。その後、最初の記事がきっかけとなって、私たちの活動は、テレビの取材を受けたり、他のいくつかの新聞や業界紙・誌で紹介されたりした。学会でたまたま同じセッションに居合わせ、名刺交換をしたことがきっかけとなって生まれた「つながり」もある。学会では、柴又での調査とはほとんど関係のない内容を発表したのだが、偶然にも新聞をつうじて私たちの柴又での活動内容を知っていた人がいて、「金沢でも同じようなフィールドワークをやりませんか？」「ええ、ぜひ」というやりとりから、かなり早いペースで、調査の実現へと話がすすんだ。

また、調査の結果をまとめたポストカードも、コミュニケーションのチャネルとして機能することがわかった。フィールドワークでの発見や気づきをまとめたポストカードは、少しでも成果を地域に還したいという想いで、無料で配布することにしている。喜ぶべきことに、柴又での調査を終えてからほどなく、ポストカードを手にした地元の人びとから、手紙やハガキが届いた。これは、私たちが期待していたよりもはるかに早い反応であったが、ポストカードという媒体によって、見知らぬ人との「つながり」ができることを実感した。数や頻度はそれほど多くはないが、いまでも、ハガキによるやりとりは続いている。いまや、何でも電子メールで済ませるようなご時世だが、それよりも、ハガキや手紙のやりとりのほうがスムースに行く場合もあることを再確認した。私たちは、電子メールによるコミュニケーションに慣れすぎてしまい、ハガキや手紙のスピード感を忘れかけているのかもしれない。

　同時に、すでに述べたとおり、「あちら側」を活用することもますます重要になるはずだ。つまり、新聞やテレビといった既存のマスメディアのみならず、ネットワークを介したコミュニケーションも、活動を続けていくために役立つ。たとえばブログやウェブ日記は、あたらしい「つながり」を醸成する。これまでは、とくに先進的にあたらしいメディアを活用する、一部の人びとのあいだで使われてきたブログも、ある程度は社会的に認知されるようになった。いまや、世界でもっとも多いのが、日本語のブログだとさえ言われるほどである。ブログは、備忘も兼ねて、フィールドノート代わりに使うこともできる。あまり不用意に記事を書くと（あるいは、細心の注意を払っていても）、すぐさま「炎上」するが、それは、潜在的な「読者」が、自分の予期せぬところに、確実にいることの証で

もある。また、その反応の早さにもしばしば驚かされる。

　筆者は、もっぱら更新が便利だという理由で、数年前から、研究室の活動をブログを介して公開している（http://fklab.net/blog/）。フィールドワークの経過や、まちづくり、地域づくりについてのアイデアなどを、なるべく肩肘張らずに書いておくことにしている。あるとき、ブログにコメント記事が寄せられた。柴又での調査と直接は関係のない記事ではあったが、記録をすることの重要性や、ポストカードという媒体の可能性について簡単にまとめた散文に対する書き込みだった。まったく面識のない人であったが、リンクを辿ると、まちづくりの仕事に関わっている人だということがわかった。その時点で、柴又での二回目の調査を実施することが決まっていたので、書き込みへのお礼を伝えるとともに、「もし時間が許せば、どうぞ見学に来てください」といった内容のメールを送った。このウェブを介した「つながり」をきっかけに、二回目の調査の日、柴又でリアルな対面が実現した。その後も、ときどき送られてくるメールなどをつうじて、勉強会や私たちの活動に関連がありそうな事例紹介など、有用な情報を提供してもらっている。その後、連絡をいただいて参加したセミナーでの出会いがきっかけとなって、坂出市（香川県）や函館市（北海道）での調査も実現することとなった。

　活動内容についてはポストカードのような紙媒体にかぎらず、電子的な媒体にもまとめておくと、いろいろな場面で役に立つ。いわゆるポートフォリオとして使うことができるので、「つぎにつなげる」ためにも有用である。たとえば、調査の候補地に出かけて、事前の打ち合わせをするときなどには、これまでの活動内容をわかりやすく説明する必要がある。企画書のような文書は準備することになるが、写真やビデオなどがあると、具

体的でわかりやすい。ウェブにまとめておけば、あらかじめページの所在を知らせておき、会合までに見ておいてもらえるので、実際に会った時には、前置きなしに、より具体的な話からはじめることができる。

◆ギャップを知ること

　すでに紹介したように、私たちがフィールドワークのあとで作成したポストカードは、「よそ者」の視点と、地域に暮らす人びとの視点とのギャップを際立たせるきっかけになった。一枚一枚のポストカードに目を通すことで、「あたりまえ」になり過ぎて、見えなくなってしまった日常に、あらためて気づくことができた。ポストカードは、形のある〈モノ〉として、私たちのものの見方や考え方をお互いに交換したり、共有したりするために役立つのである。当然のことながら、ポストカードのような媒体ではなく、より直接的な、フェイス・トゥ・フェイスのコミュニケーションによって、「あたりまえ」に気づくこともある。それを期待して、私たちは、フィールドワークを計画するとき、できるかぎり地域の人びとと触れる機会を設けることにしている。フィールドワークのあとで、ちょっとリラックスした気分で、見てきたばかりの〈モノ・コト〉について、人と話をするのである。たとえ初対面であっても、共通の話題には事欠かない。実際にまちを歩いた直後なので、具体的な場所の印象や、不思議に思ったことなどを、素朴に聞いてみるだけでよいのだ。それは、懇親会としての意味合いばかりでなく、地元の人びととのギャップを知る機会になる。

　フィールドワーク先で、とくに印象的だったエピソードをひとつ紹介しよう。2007年の9月、私たちは、函館でフィールドワークを実施した。いつものように、20名ほどの学生とともにまちを歩き、「市電から見える・

市電が見える」というテーマで、函館市電の沿線でフィールドワークをおこなった。このときは、函館を中心に活動するNPO法人のイベントに合わせて調査を計画し、函館に暮らす人びととの意見交換の場が設けられた。その席で、私たちは、「あたりまえ」を探すというテーマで歩き回ったことを報告した。私たち「よそ者」にとって、函館のまちのイメージは、市電や坂道の風景とともに構成されていることが少なくない。学生たちとの意見交換のなかで、「函館と言えば、市電」という私たちのイメージや、それを前提として語られる「あたりまえ」は、函館に暮らす人びとにとって、本当に「あたりまえ」なのかという話になった。

　実際に、函館の人びとはクルマでの移動が多く、市電を利用しているのはもっぱら観光客なのだという。つまり、市電によって描かれる函館のイメージは、もはや地元の人びとの「あたりまえ」ではなく、「よそ者」にとっての「あたりまえ」にすぎないというのだ。そして、事前にそのくらいの認識を持って、フィールドワークを計画したほうが良かったのではないか、という意見も出た。確かに、函館での調査にかぎらず、私たちが、訪れたまちで切り取る「あたりまえ」は、あくまでも外から見たイメージにもとづいている。それは、ある立場から見れば、間違った認識かもしれない。だが同時に、多くの観光客たち、「よそ者」たちは、ガイドブックやテレビ番組、口コミ、そして最近ではウェブの検索などをつうじて、まちや地域のイメージを頭に作りあげていることも事実だ。たとえ、なるべく先入観を持たずにフィールドワークを実施しようとしても、このようなイメージから解き放たれることはないだろう。

　重要なのは、このようなギャップは、かならずしも埋めなくてよいものだと認識することである。「よそ者」と地域に暮らす人びとが、まちに対

して同じようなイメージを抱く必要はないし、現実的にも無理な話だ。さらに、そもそもが、論破したり説得されたりという性質のコミュニケーションではないからだ。「なるほど」と、まずはギャップの存在に向き合い、お互いを了解することが肝心なのである。「問題解決」から「関係変革」の志向へと、方向転換を試みる「キャンプ」においては、こうしたイメージのギャップを際立たせること自体が大きな意味をもつ。ギャップを埋めることも課題になるとは思うが、むしろ、ギャップの存在を前提とした「場所」づくり、イメージづくりを考えていくことが意味ぶかいだろう。このギャップこそが、コミュニケーションのきっかけになるのである。

　もうひとつ、べつの意味でのギャップを感じることも重要だ。それは、自分と人とのイメージのギャップではなく、自分自身の抱いていたイメージの変化に関わるものである。フィールドワークをつうじて、私たちはさまざまなことを学ぶ。とくに、初めて訪れるまちでは、目にする多くの〈モノ・コト〉が、すぐさま、あたらしい発見や気づきに結びつく。現地調達を志向するフィールドワークでは、あらかじめ準備はするものの、いろいろな期待や見込みとともに段取りをするので、現場では、予期せぬ出来事に遭遇することもある。その意味で、「キャンプ」は、まちや地域に対して抱いていたイメージと、実際に歩いてみた現実感とのギャップを知る機会だと理解することができる。たとえば、ガイドブックを片手にまちを歩く場合、あるいは事前にウェブで下調べをしていたような場合、私たちは、手もとにある情報と「現物」とを照合する作業をおこなう。想像どおりの「現物」を目の当たりにすることもあれば、時には、PCの画面で見た写真と実際の姿を見比べて、そのギャップの大きさに愕然とすること

もある。いずれにせよ、自分が想い描いていたイメージと、まち歩きの体験とを重ね合わせてみることが重要なのである。たとえば、ある学生は、大雪のなかで実施した金沢のフィールドワークで、自分自身の頭のなかのイメージの変化に気づいている。

「残された足跡は、どれも雪をしっかりと踏みしめることができるように、凹凸がついている。そういえば、街ゆく人は皆、足元がおぼつかないわたしとは違い、すたすたと何の障害もないかのように歩いていた。この凹凸の靴裏がその秘密の一つなのかもしれない。わたしたちの雪に対する「備え」が、この街の人たちの「必然」なのだ。雪の上に残された足跡もこの街がこの街であるための要素。今日も人々がこの街で生きたことを証明するかのように、あしあとはこの街にある。」

(稲田桃子「あしあとの見える街」より)

「よそ者」にとっての「備え」が、まちに暮らす人びとにとっての「必然」であるということは、じつに素朴な気づきである。おそらくは、事前に何かで読んだり、少し想像したりすれば、思いいたるはずだ。しかしながら、実体験をともなわないかたちで理解されていた〈モノ・コト〉が、自分で踏みしめた雪の感触とともに、具体的で観察可能な〈モノ・コト〉として実感されたのである。このように、思考と体験とが一体化することこそが、学びの源泉である。発見や気づきの内容そのものではなく、現場で自分の五感を動員し、頭のなかにあったイメージを確認したり、書き替えたりするプロセスが経験学習としての意義だと言えるだろう。

3 「キャンプ」とメディア

1 記録のための道具

◆ケータイに何ができるか

　フィールドワークは、私たちの身体的な記憶になる。現場は複雑で起伏に富んでいるので、その体験は、時として言葉にするのが難しいことがある。私たちは、それを理解した上で、フィールドワークの「物語」を綴らなければならない。そのために、現場での体験をできるかぎり鮮明に思い出し、復元できるように、さまざまな記録を残そうと試みる。すべてを残すことは不可能だが、記録は、身体が覚えている感覚を呼び起こすためのきっかけになるからである。社会調査、とりわけフィールド調査においては、記録のための方法について、いくつもの工夫がなされてきた。あまり大げさな記録方法だと、現場に影響をあたえてしまうし、逆に、隠し撮りのような方法は、倫理的に許されるものではない。現場に応じて、適切な記録の方法が必要になるのだ。重要なのは、記録のために何をもちいるかという意思決定は、じつは、何を発見しうるかという問題に、少なからず影響をおよぼすという点である。

　もっともシンプルな、紙とエンピツによる記録は、方法として消えゆくことはないはずだが、さまざまなメディア機器を活用すれば、私たちの可能性は拡がる。とくに、近年は、機能が高度になりつつも、メディア機器

の小型化、軽量化がすすんでいるので、フィールドワークのあり方そのものも変容する可能性がある。たとえば、デジタルカメラが手軽になったおかげで、フィルムを現像してみたら、写りが悪くて使い物にならないといった経験はしないようになった。デジタルの特性を活かして、写したその場で確認できるし、必要に応じて、補正や加工も容易だ。とくに、報告書の作成や記事の掲載など、記録写真の用途が決まっているような場合には、心配がいらない。あるいは、インタビューの際には、ボイスレコーダーを使うことが多くなった。かつては、相手の言うことを漏らさず書き留めようと一生懸命だったが、会話の記録をボイスレコーダーにまかせておけば、コミュニケーションに集中することができる。さらに、話を聞きながら、相手の表情の変化や微細なしぐさを観察する余裕も生まれる。他にも、フィールドワークやインタビューなどの調査に使うことのできるメディア機器は、操作の煩わしさもなく、手軽で身近なものになってきた。

　記録に際して、こうしたメディア機器へ依存しすぎると、調査の質に影響をおよぼすかもしれない。光量や構図を気にしながら、ファインダーを覗き、ゆっくりカメラのシャッターを押したり、会話の流れのなかから、大切なことばやメッセージを聞き取ったりという、ある種の緊張感が失われてしまう可能性もある。だが、調査者としての「わざ」を身につけるために、これまでのように、ある程度の経験やトレーニングが求められなくなるのも事実であろう。つまり、メディア機器を活用することによって、誰もが、人びとの日常生活を、より柔軟に記録できるようになるのだ。後述するように、あたらしい社会調査は、特権的な立場にいる（と思われている）「調査者」による、特別な活動ではなく、多くの人によって実現する共同作業として理解することができる。その実現のためにも、私たちが

どのようなメディア機器を、どのように使うかが重要な意味をもつのである。

　フィールドワークに活用することのできるメディア機器は、現場を観察し記録するという、いわゆる「入力」の部分で役立つばかりではない。私たちが切り取った、さまざまなデータを保存し、蓄積するのにも役立つ。もちろん、すでに述べたように、インターネット環境を利用すれば、膨大なデータを保存しておき、必要に応じて呼び出したり、人と共有したりすることも容易である。たとえば、何人かで携帯端末を囲んで、アルバムを閲覧したりすることは、めずらしくなくなった。その意味で、私たちの「記憶」の部分も、さまざまなかたちで外化していると言えるだろう。

　ところで、フィールドワーカーとして、私たちが現実的に直面するのは、メディア機器が、何らかの機能に特化していることが多いという問題である。つまり、収集したい情報に応じて、いくつかのメディア機器を持ち歩かなければならないのである。こうしたさまざまな機能は、やがては一台のケータイに集積されることになるかもしれない。だが、いまのところは、ケータイの可能性を試しながらも、調査に出かけるときには、カメラ、ビデオカメラ、ボイスレコーダー、GPS、歩数計などを別々に持ち歩くことになる。ひとつひとつは小型で軽量だが、カバンのなかには、これらの機材が同居する。もちろん、電源の供給は欠くことができないので、予備のバッテリーや、機材ごとに規格のちがう電源アダプターなども必要になる。さらに、従来から使っているメモや筆記用具、地図などもくわわるため、決して軽装とは言えないのである。調査のための機材は、これからも変化していくはずである。その選択、組み合わせの可能性は限りないが、私たちが、カバンやポケットに入れて、持ち運ぶことのできる容量は

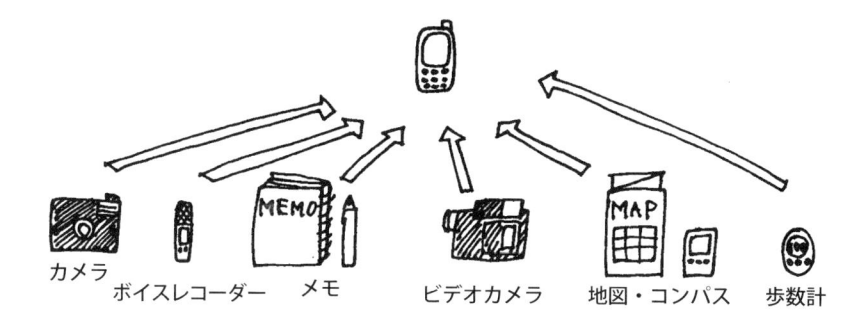

〈図3-1 ケータイはフィールドワークのための道具になる〉
　　　——小型化・多機能化するケータイは、新しい道具として、私たちのフィールドワークに役立つはずだ。これまで、ばらばらに持ち歩いていた道具が、一台のケータイに集約されつつある。ケータイさえもって出かければ、「キャンプ」が実現するようになるかもしれない。

限られている。

　記録のための機材を、どのようにえらんで携行するかという判断は、つねに、私たちの課題になる。その意味でも、現地調達を志向しながらフィールドワークを計画することが、重要な意味をもつ。機動力を必要とする「キャンプ」においては、できるかぎり軽装で出かけるようにして、適宜、現場で調達するのがよい。また、一人ではなく、仲間とともに調査に赴くのが、「キャンプ」の特質でもある。つまり、フィールド調査に必要な機材は、一人ひとりが完結したまとまりを持ち歩かなくてもよいのだ。参加者が機材を分有し、全員が参集することによって、ひとつのまとまりとして整うように「キャンプ」を設計することもできるはずである。それは、参加者全員が、それぞれの「持ち分」を携行して集まることで、はじめて、価値のある「場所」がつくり上げられることを再確認する機会にもなる。一人でも休んだり、機材を忘れたりしたら、「キャンプ」は成り立

たなくなるからである。

◆セルフドキュメントへの欲求

「自分史」の先駆的な試みとして、「ふだん記」というのがあった。「庶民の文章運動」のひとつとして「ふだん記」運動をすすめた橋本義夫こそが、「自分史」のパイオニアだと言えるかもしれない。「ふだん記」は、その名前が示唆するように、ふだん着で、ふだんのような気持ちで、飾らずに物を書く、というものである。「下手に書きなさい」「その土地よかれ、その人よかれ」などの題目をつねに掲げ、誰もが自分の言葉で、自分について書く、ということを積極的に呼びかけた。ガリ版刷りでわずか50部ほどの小冊子を刊行することからはじまり、この運動はやがて全国に広がっていった。橋本がこの世を去ったいまも、各地でこの「ふだん記」が綴られ、個人の文集や自分史本は、数百冊にものぼるということだ。

この「ふだん記」運動が、人びとに「自己表現」の機会を提供したこと、すこし大げさにいえば、あたらしい生き甲斐をもたらしたことはまちがいないだろう。しかしながら、橋本が説いたのは、自らの体験や見聞を書くことの楽しさばかりではなかったのである。書くという営みによって、自分を変えることができる、つまり、書くことによって、「見えなかったものが見えるようになる」ということを、彼はくり返し主張している。その意味で、「ふだん記」運動は、リテラシーを問題にしていたのではないだろうか。書くことで強くなれる。文字を綴ることで、あたらしい「世界」にアクセスできる。こうした認識が、消えゆくものを記録することへの情熱的な欲求とともに、「ふだん記」運動をつき動かしていたのかもしれない。

フィールドワーカーが、地域や人びとの暮らしについて語るとき、この「ふだん記」感覚はきわめて重要である。「その土地よかれ、その人よかれ」という観点から、さまざまな記録を収集し、分析する。このことは、あたらしい「ふだん記」を生み出すばかりでなく、これまで残され、維持されてきた記録について問い直すことでもある。自分でフィールドワークの「物語」を綴ることによって、「ふだん見ているけれど、認識していない世界」が、目の前に立ち現れる。さらに、すでにある「物語」について、誰が、なぜ、そのように綴ったのかを考えてみる。こうした問題意識は、「ふだん記」感覚があるからこそ際立たせることができる。「ふだん記」は、とにかく書くこと、行動に移すこと、が基本である。橋本義夫は、『だれもが書ける文章』のなかで、つぎのように書いている。

　「人間はすぐに上手とか下手とかいう比較をしたがる。これはまた批判家の常則でもある。ところが上手下手よりも「有るかないか」ということが決定的になる場合は、ずいぶん多い。この場合は「有る方がよい」。つまりどんなメモや短文でもよいから、「有るはなきに優る」ことが決定的になる。どんな小さな記録でも、後になって有るかないかが、大きなことになってくるのが世の常である。」

　文字そして書物という旧来のかたちであったとはいえ、私たちが「ふだん記」運動について知りえたのは、それが記録として残されていたからである。「有るはなきに優る」。まさに、橋本義夫が熱く説いていたように、記録は人を長生きさせるのである。私たちの日常生活にはさまざまな個人的記録がある。写真、手紙、日記、切符、伝票、成績表など、すべて広い

意味で「生活記録（life document）」と呼ぶべきものである。そして、こうした「生活記録」をつうじて、私たちは、自分の生活が埋め込まれた社会的、文化的な文脈や、自分の内面について洞察を加えることができる。

　この「ふだん記」の精神は、他の媒体においても実践されている。たとえば「絵手紙」は、ひとつの「生活記録」として理解することができる。ハガキに、絵と文字で日常生活の出来事を綴る絵手紙は、「ふだん記」と同様、「ヘタでいい、ヘタがいい」がモットーである。近年、テレビ講座や講習会なども開かれており、絵手紙人口は200万人にものぼるという。絵手紙が興味ぶかいのは、人びとの気取らない記録が残されるだけではなく、さらに、誰かに宛てて送られるという点である。ハガキに描かれた記録は、どこかに留まるのではなく、さらに拡がりを持って、読まれていくことになる。ここ数年で急速に広まったブログも、「ふだん記」の延長線上に位置づけて考えることができる。とくに、日々を淡々と綴るブログは、継続的に読んでいると、徐々に、著者の思考や感情の流れがわかるようになる。「生活記録」は、日常の出来事の記録であると同時に、〈その時・その場〉で生活する、人びとの記録である。

　どうやら、私たちの記録への欲求には際限がない。文字を綴るのはもちろんのこと、写真やビデオ、音声などもふくめ、さまざまなデジタル機器の受容、普及にともなって、その欲求は加速したように見える。それは、「残したい」という記録への欲求であるとともに、「見せたい」という自己表現への想いの表れにちがいない。これまでは、特別な権限をあたえられた、えらばれた人だけが、まちや地域について語ることが多かった。より多くの人が、自分に合ったやり方で、自らの生活を切り取り、表現することによって、まちや地域についてのあたらしい理解が生まれるはずで

ある。一人ひとりの意見や想いは、集計され、平均化されてしまうこともない。いくつもの、個人的な「物語」に触れることで、あらためて日常生活の意味を問うことができる。ケータイは、そのための「装備」としての居場所を獲得しつつある。ケータイは、すでにほとんどの人が手にしており、記録と表現のためのさまざまな機能を搭載しているからである。

◆フィールドワークのための「メモ術」

　2000年の秋にカメラ付きケータイが登場して以来、カメラは、私たちがケータイに求める重要な機能のひとつになった。実際に、いたるところでケータイのカメラが起動し、私たちの日常を切り取っている。もちろん、簡易なカメラでしかないが、最近では画質も向上して、コンパクト・デジタルカメラとほぼ同等のレベルのものになった。形式にこだわらずに、気軽に撮影された写真は、無数にある。カメラ付きケータイは、とくに社会調査やフィールドワークという観点からは、あたらしい可能性を感じさせる。私たちのふだんの生活が、関心の対象だとするならば、日常的に写真を撮り溜めておくことこそが意味を持つので、それは、「ふだん記」のためのカメラとして活用できるのだ。手軽なケータイのカメラを使って、毎日のように、写真を撮っておけば、それは、やがては豊かな「生活記録」となる。さらに、自分にくわえて、仲間とともに写真を撮ることを習慣づければ、写真の枚数が増えるばかりでなく、多彩な観点から撮影された写真が集積されることになる。

　ケータイのカメラを、「ふだん記」のために活用する、ごく身近な例を紹介しよう。私たちは、数年前から、ひとつのモブログを共有する実験をすすめている。モブログとは"モバイル＋ブログ"のことで、カメラ付き

〈図3-2 「ふだん記」としてのモブログ〉
　　　　　——ケータイから送られてくる写真が、ひとつにまとまって、並んでいく。
　　　　　他愛のない写真であっても、蓄積され、一覧できるようになると、自分たち
　　　　　の「生活記録」としてふり返ることができる。近年では、写真にかぎらず、位
　　　　　置や生体情報にいたるまで、さまざまな個人的なデータを逐次収集・蓄積し、
　　　　　「ライフログ」として活用する試みも始まっている。

　ケータイから直接投稿可能なブログである。あらかじめ登録されたメンバーがケータイで写真を撮り、所定のアドレスに送信すると、写真がウェブ上で閲覧可能となる。特別な場合を除いて、いつ、どこで、何を撮るかについてはとくに決められておらず、メンバーは日常生活のなかで気になった〈モノ・コト〉を自由に写して投稿する。当然のことながら、撮影され

たすべての写真を送信するわけではなく、各自が選択的に投稿するため、他のメンバーに見られることを前提とした写真のみが、蓄積されていくことになる。

　写真を送ることは、もちろん勧めはしたが、課題として義務づけていたわけではない。学生たちが気ままに日常の「ひとコマ」を写して送り、一年で5000枚以上の写真が集まった。ウェブ上に写真として掲載されるのは、「虹を見た」「オムライスを食べた」「洗濯機が届いた」など、他愛のないエピソードが多いが、メンバーどうしのコミュニケーションにおいて、いくつかの役割を果たすようになった。たとえば、投稿される写真の多くは、「いま・どこ」にいるかという「ステータス」を示している。それは、どのような一日を過ごしているか（過ごす予定か）という宣言であり、また自分の物理的な場所を公開することによって、交信可能かどうかを知らせるはたらきをする。場合によっては、こうしたメッセージは（間接的な）「言い訳（アリバイ）」としての意味を持つこともあった。また、ケータイからの投稿写真によって、自分が携わっている活動の流れを、逐次伝えようとするケースも見られた。もし仮に、リアルタイムでメンバーの投稿に居合わせた場合には、文字どおり、ウェブを介した「実況中継」として閲覧されることになる。あるいは、特定のメンバーどうしが、いわゆる「内輪」の会話を披露することもあった。他のメンバーに「見られている（かもしれない）」ことを前提として、内輪の話題で写真のやりとりがおこなわれたりした。

　他にもいくつかのパターンが見られたが、いずれの場合も、このモブログを介したコミュニケーションは、自発的に投稿されるのが基本である。おそらく、写真を投稿しているメンバーには、調査に貢献しているという

意識はあまりないと思うが、集められ、蓄積されてゆく写真は、「結果として」人びとの日常を理解するための豊かなデータとなる。メンバーが送信する写真は、まさに「ひとコマ」として残すに値する情景なのである。モブログに集められた写真の連なりを眺めていて、このモブログは、フェイス・トゥ・フェイスのコミュニケーションを代替するというよりも、私たちの関係性を維持、強化するのに役立っていることに気づいた。「会えないから」ネットワークを利用するのではなく、むしろ「会うために（会うことを前提に）」写真を送信しておくのである。モブログに投稿される写真を、お互いに参照しているからこそ、会ったときに話題を共有しやすくなり、より細やかに文脈を理解することもできる。そして、その会話が、こんどはモブログ上で継続する。ひとたびこのコミュニケーション環境に親しみをおぼえると、お互いの距離感が縮まり、グループとしてのまとまりも出てくるようだ。つまりこのモブログは、次に会うまでの「間」を埋める機能を果たしていると考えられる。

　また、このモブログが、グループへの帰属意識に、多少なりとも影響をあたえるという点も興味ぶかい。実際に写真を投稿しなくても、このサイトを見ておかないと、話について行けなくなる、という意識をもっている学生がいた。掲示板の「リード・オンリー・メンバー（ROM）」ならぬ「ブラウズ・オンリー・メンバー（BOM）」である。確かに、このモブログを介したコミュニケーションは、フェイス・トゥ・フェイスのコミュニケーションのきっかけや、話題づくりに役立つ。定期的にウェブを見ることを習慣づけておくことで、ある種の一体感を味わうこともできるのである。

　自分の日常をどこまで公開するかという判断は、相手との距離感をどう

考えているかを表しているといってよい。同時に、それはコミュニケーション欲求の表明でもある。キャンパスでは、講義や演習という時間と、教室や研究室という空間を、フォーマルな「場所」として取り扱ってきた。だが、私たちの絶え間ないコミュニケーション欲求と、それを支えるメディア環境の変化が、これまでの「場所」の感覚を著しく変容させている。何気ないスナップ写真が、「間」を埋めるはたらきをして、創造的なコミュニケーションへと展開しうるのである。

2　ケータイで調査する

◆考現学の発想

　フィールドワークを充実させるためのひとつの方法として、「考現学」について、簡単に触れておこう。「考現学」は、今和次郎によってはじめられた、都市風俗を観察する学問として知られている。関東大震災直後の東京のまち並みを目の前にして、その様子をつぶさに観察、記録し、「いま」を後世に残していくことへの想いが、その推進力になっていたようだ。「考現学」は、いわゆる「路上観察」や「タウンウォッチング」的な発想の源泉である。方法は多様であるが、マーケティング等の分野でおこなわれている、生活者の行動やファッション、持ち物などの調査には、「考現学」の思想が息づいていると言えるだろう。「考現学」の基本は、詳細な記述である。スケッチという方法が積極的に使われ、人びとのふるまいが克明に写し取られ、集められる。何枚ものスケッチを見ることで、ある種のパターンや規則性が浮かび上がるのである。たとえば、およそ80年前に今和次郎たちが実施した「東京銀座街風俗記録」において、調査者

は、身分・職業構成、服装、携帯品、髭、メガネ、襟の形状、帽子、髪型、履物など、あらかじめ決められたカテゴリーに着目しながら、京橋から新橋までの歩道を繰り返し歩いた。その報告の冒頭で、風俗を記録することの意味はつぎのように語られている。

「実際、文化社会の物質的な相の明らかな記録をもたずして、各種のプランが作成できるはずがない。現代のどこの、どの場面のありさまはどうであるか、たとえば都市の中心のありさまはどうか？　場末はどうか？　農村はどうか？　ということへの答えが、研究としても、計画の基礎としても要求されねばならぬはずの一つのものであろう。だのにまだ、それらの記録のとりかたがほっちゃらかされたままの状態である。それでそれらのものにたいして、民族学者が未開発民にたいしてやっているような研究を、考古学者が古物にたいしてやっているような研究を、または生物学者が昆虫にたいしてやっているような研究を、文明人の現在のありさまの研究に適用してみたとしたら無益なものか？　単にそれはばからしいものか？　……こんな感情から発して私は私の仕事をはじめてみたかったのであった。」

考現学のひとつの代表的な方法は、日常生活で観察可能な〈モノ・コト〉を「調べごとの規定」に沿って数え上げ、整理するというものである。今和次郎は、この調査で、100余の項目について、銀座を歩く1000人以上の人びとをチェックし、分類、記述を試みた。たとえば、当時の学生たちの風俗は、〈図3-3〉のように集計され、報告されている。これを見ると、男子学生の8割くらいは洋服を着ていることがわかる。多くの学生が

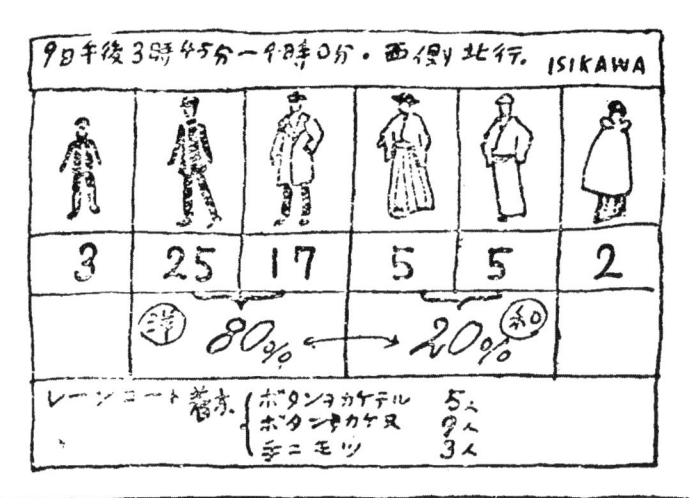

〈図3-3　考現学では、スケッチが多用された〉
　　（出典：今和次郎（1987）『考現学入門』ちくま文庫　藤森照信・編）

制服を着ているので、おそらくは、学校帰りに銀座を歩いていたのであろう。いっぽう、女子学生の場合は、7割が和服を着ている。さらに細かく見ると、袴の数がより少数なので、制服ではなく、「普通の和服姿」で歩いていたと推察できる。学生として、記録の対象となった人数は少ないかもしれないが、1925（大正15）年初夏の銀座を歩いている学生たちのありさまをうかがい知るための、貴重なデータである。このときの、数え上げるという基本的な方法は、いまで言う「ファッション・チェック」の原点だと理解することができるだろう。

　今和次郎は、「考現学」の調査のなかで、「採集」という言葉を使っている。身の回りの〈モノ・コト〉と、どのように向き合うのか、その学問の姿勢を表明しているにちがいない。この「採集」という言葉は、私たち誰もが、程度の差こそあれ、素朴な収集欲を持っていることにあらためて気づかせてくれる。フィールドワークは、かつて、網と虫カゴを持って無心に走り回ったころのように（と言ってもその経験のある人は減りつつあるかもしれないが）、まちのなかをゆっくりと歩き回り、気になった〈モノ・コト〉を「採集」することが基本である。

　ところで、「採集」の面白いところは、個別具体的な〈モノ・コト〉が、大きな意味と存在感をもつという点である。これは、大勢の人びとの意見を平均化したり、標準化したりして理解するのとは、本質的にちがう。昆虫採集では、たまたま見つけた珍しい種類の虫も、標本箱におさめられると、それが「代表」となる。まちで「採集」される、ひとつのユニークな事例は、その背後にある起伏に満ちた人びとの暮らしを語るのである。これは、一人ひとりの意見やふるまいを「採集」し、それを眺めながら考えるという意味での「標本」の発想である。たとえば、まちに散らば

るモノを見れば、それを使う人びとが見えてくる。何が、どのように置かれているのか。誰が使っているのか。何のために置かれているのか。モノに埋め込まれたさまざまな「物語」を読み解くことによって、日常生活での人間関係や、「場所」の意味について洞察をくわえることができる。

　もうひとつ、「考現学」が興味ぶかいのは、多くの場合、複数の調査者によって「採集」がすすめられているということである。これは、たくさんの「標本」を集めるためには、当然のことかもしれない。上述の銀座の調査も、通りすがりの人への依頼もふくめ、多くの応援者とともにすすめられ、「雑多な人びとの集合」で取り組んだという。このように、何人かで取り組む共同作業として調査を実現するためには、調査の「しかた」が整理されている必要がある。いわゆる「マニュアル」の整備が欠かせないのである。「考現学」は、調査の「しかた」自体を整理し、公開、共有することへも注力していた。一枚一枚のカードは、別々の調査者によって記入されるが、それが集積されることによって、全体像が明らかになる。分担作業なので、一人ひとりの負荷は軽減される。また、それぞれの「標本」に、調査担当者の名前を明記するやり方は、責任の所在を明確にするとともに、共同作業に参画している意識を高める工夫だったのかもしれない。「現在のありさまの研究」を目指していた「考現学」には、より多くの、「雑多な人びと」を巻き込みながら調査を実現するためのヴィジョンがあった。この思想があるからこそ、当時（あの頃の「現代」）の記録は、10年、100年と、生き続けることができるのだろう。

◆モバイルの利点を活かす

　「考現学」においては、記録や表現の手段として、スケッチが積極的に

用いられてきた。スケッチには独特の表現力も魅力もあるが、実践に移すとなると、いささか面倒かもしれない。これまで「考現学」と同様の問題意識を持ちつつ、あたらしいメディア機器を活用して、人びとの日常的な行動軌跡や、生活の諸側面を観察、記録する工夫がなされてきた。たとえば、「フロー体験」というコンセプトで知られる心理学者のミハイ・チクセントミハイは、「経験サンプリング（Experience Sampling Method: ESM）」という手法を考案した。ESM は、人びとの日常生活をできるかぎり詳細に、継続的に記録するために考案された方法である。被験者はポケベルと調査票を渡され、それを四六時中携行するように指示される。調査対象や目的によってバリエーションはあるが、典型的にはランダムにポケベルが鳴らされ、そのたびに調査票の設問に回答することになる。人びとにとっての「没入感」が、どのような状況で実現されているのかを知ることが、チクセントミハイの主要なテーマであった。この方法をつうじて人びとの生活を記録し、何かに夢中になっている状況においては、人びとのスキルと、タスクの難易度とのバランスが重要であるという「フロー体験」の概念が導かれることになった。

　私ごとだが、留学先のラトガース大学には、チクセントミハイの弟子スジの先生が数名いて、大学院生だった当時、ESM 調査の協力者を募集していたことを記憶している。面白そうだな、と思ったのだが、大学院生どうしのウワサ話で、「あれは大変だからやめておいたほうがいい……」と言われて見送った。いま思うと、一度くらい ESM の被験者を体験しておけばよかったのだが、確かに、ポケベルと調査票をいつでもどこでも持ち歩き、合図のたびに必要事項を記入するというのはかなりの負担なはずだ。また、ポケベルが鳴ること自体は、じつは「没入感」に介入することにな

るので、無心になって何かを愉しんでいる状況が干渉されることになる。

　実践的にはいくつかの課題はあるものの、ESMで際立つのは、調査期間中、恒常的に人びとのふるまいをモニタリングできるという点である。言うまでもなく、人びとを四六時中追いかけることで、はじめて見えてくる日常生活がある。ひと頃は流行していたが、いまやポケベルは見かけなくなったので、同様の調査をおこなう場合には、ケータイを活用することになるだろう。筆者は、数年前、カメラ付きケータイをもちいてESM的な調査を試験的におこなったことがある。その際には、調査協力者のケータイに定期的に合図のメールを送り、そのたびに、目の前にある〈モノ・コト〉を、ケータイのカメラで写して送信してもらうように依頼した。このときは、朝から夜まで、時間軸に沿って順番に写真を並べることで、人びとの行動軌跡を復元することに関心があった。何人かに協力してもらったので、それぞれの活動範囲や、ある場所での滞留時間などを比較することができた。

　また、大学の講義の一環として、同時に撮ることに焦点を当てた実習課題を出してみたこともある。朝、昼、晩、の三つの時点で学生たちに合図のメールを送り、目の前にある〈モノ・コト〉を撮影してもらった。素朴な方法ではあるものの、カメラ付きケータイを活用することで、ほぼおなじタイミングで何枚もの写真を撮ることができる。おなじ朝が、いくつものスタイルで、撮影者の数だけ存在することに、あらためて気づく。ある人がコーヒーカップをかたむけているとき、テレビを見ている人もいれば、駅で電車を待っている人もいる。一人ひとりの生活の流れが、ときには誰かの時間、場所と交錯し、あるいはまったく交わることなく軌跡をつくるのである。

〈図3-4　ケータイで合図を送り、同時に写真を撮る（上段から、朝、昼、晩）〉

　紙とエンピツではなく、たとえば、ケータイのようにごく身近になったメディアを活用して、私たちの日常生活を記録することは、それほど難しいことではないはずだ。ケータイの写真は、記録写真としてのクオリティは不十分かもしれないが、より自然な情景が写されるようだ。おそらく、撮るほうも、撮られるほうも、比較的リラックスして向き合うことができるからだろう。
　たとえば、どのような気分で仕事をしているのか、その時、誰と一緒で、どのようなモノを使っているのかなど、まちに暮らす人びとの経験をサンプリングすることは、じつに興味ぶかい。日常生活のさまざまな場面を詳細に観察、記述するという、「考現学」的な発想にもとづいて、カメラ付きケータイをもちいたフィールド調査を実施することができるはずである。「考現学」では、スケッチを基本とする実践で、日常のさまざまな

断片を切り取り、一覧できるかたちで表現することが多い。カメラ付きケータイを使うと、私たちが見た〈モノ・コト〉を、スケッチをつうじて再現するという過程は失われるものの、詳細な記述、多数のデータ収集には機動力を発揮するだろう。

　出先でケータイのボタンを押して写真を撮る。一枚の写真には、いったい何が写っているのだろうか。矩形に切り取られ、写されるのは、ある年代のある土地の風景だけではない。ふだんはさほど意識しないが、写真には、〈その時・その場〉で想起された過去や未来の風景も写されているのである。出先で眺めた風景が、過去や未来のさまざまなイメージによって規定されていると考えると、一枚の写真は、現在の自分と、過去、あるいは未来の風景とを結ぶはたらきをしていることに気づく。これは、時間的な隔たりにかぎられたことではないのだ。一枚の写真をつうじて、私たちは、空間的な連なりや、人と人との関係の中で現在の自分を位置づけることができる。過去、現在、未来という区別そのものが流動的で曖昧であり、写真は、移りゆく風景を、あるいは変わっていく自分を暫定的に記録したものにすぎないからである。

◆**装備としてのケータイ**

　これまで、「キャンプ」に役立つ道具として、とくにケータイに着目してきた。もちろん、ケータイは万能ではないが、ケータイを意識的に活用することによって、気づくことは少なくない。「キャンプ」をつうじて、私たちは何を学ぶのか。現場とはいかなる存在か、という大きな問いに向き合いながら、私たちは何を考えるのだろうか。モバイルメディアの特質については、つぎのような観点から、あらためて整理することができるだろう。

①機動力（モビリティ）を発揮する

　まず、「キャンプ」をすすめる上で重要なのは、私たちの機動力（モビリティ）を高めておくことである。現地調達を重視しながら、即時即興的に活動内容を決めていくという「キャンプ」の発想で考えると、私たちが目指すべき、究極的なスタイルは「手ぶら」なのかもしれない。そして、実際に試してみればわかるが、手ぶらの身軽さ、気軽さは、格別である。物理的な意味での移動が楽になるのはもちろんのこと、心理的にも軽くなる。なぜか、いつもより、たくさん動けるような気分にさえなる。また、持ち物を減らし、手ぶらに近づくことによって、自分たちをとりまく環境との関わり、つまり現場への意識が、いつも以上に高まることになるだろう。

　とはいえ、実際には、文字どおりの手ぶらはなかなか実現できない。私たちは、ケータイをひとつポケットに入れて出かけるだけで、どのような「キャンプ」が可能になるかを試行したいと考えている。ケータイは、私たちの必需品となり、多機能化しながらも小型化、軽量化がすすんでいるので、フィールドワークの体験を記録するのに役立つ。すでに述べてきたように、通信機能を活かせば、〈その時・その場〉でさまざまな情報やデータをやりとりしながら、「キャンプ」をすすめることもできる。

　また、私たちは、ケータイなどのモバイルメディアの活用を考えるとき、多くの機能をひとつの機器に集約させたいと考えがちである。十徳ナイフはたしかに便利だし、あたらしい技術や機構が組み込まれたメディアは、それ自体が興味ぶかいものだ。だが、「キャンプ」の実践を考えると、すべての機能が集約されている必要はない。とくに、「キャンプ」が人びとの集いであることを考えると、参加者がいくつかの機能を分有した

り、組み合わせたりするほうが自然なはずだ。お互いに連絡をとりながら、資源を共有するというマインドは、じつは、ケータイを使うことによって、知らず知らずのうちに強化されているのかもしれない。「キャンプ」は、みんなが集まってこそ実現する「場所」だという理解は、私たちの機動力（モビリティ）の問題と密接に関わっているのである。

②**参加を促す**

　もうひとつ、ケータイをはじめとするモバイルメディアの特質は、素朴なことながら、多くの人が持っているということだ。利用者のマナーやエチケット等については、さまざまな問題点が指摘されてはいるものの、私たちが毎日持ち歩く道具で、ケータイほど普及しているものは、めずらしいと言えるだろう。たんに所有ということで言えば、ここ数年で低年齢層への普及もすすんでおり、たとえば2008（平成20）年の文部科学省の調査によると、調査対象となった、小学6年生のおよそ25％、中学2年生の45％、そして高校2年生の95％がケータイを所有している。ケータイが、「キャンプ」の実現に役立つ道具だと考えるならば、潜在的な「キャンプ」の実践者たちが、まちのあちこちにいるということになる。極端な言い方をすれば、ケータイを持っている人は、すべて「キャンプ」をはじめる準備が整っているのだ。ふだん、私たちが、カバンやポケットに入れて持ち歩いているケータイが、そのまま「キャンプ」という活動へのきっかけを提供しうる。まちを「教科書」にしながら、私たちの身の回りについて理解を深めるためのアプローチに、多少なりともケータイが貢献しうるということがわかれば、モバイルメディアに対する社会的な評価も変わるはずだ。

もちろん、所有状況だけで多くを語ることはできないが、ケータイの類いまれな普及率の高さは、その操作性と無関係ではない。つまり、ケータイは、誰でも（個人差はあるが）使うことができるのだ。たとえば電子メールというコミュニケーションは、世代によっては、PCに触れるよりも前に、ケータイで体験している。コンピューター室でモニターに向かって文字を綴るというやり方を、窮屈に感じても不思議はない。私たちは、自分の経験を中心的に考え、メディアが発展してきた順序に即して語りがちであるが、「そもそも電子メールというものは、キーボードを使って入力するのだから、タイピングをマスターしなければ……」などという発言は、通じなくなるかもしれない。多くの人は、コンピューター室ではなく、電車やまちで、電子的なコミュニケーションのやり方を学んでいるのだ。
　つまり、私たちの機動力を高めているのは、機器の小型化、軽量化だけではなく、多くの人が、操作能力（リテラシー）を獲得したからだという点も重要である。操作が簡便で、多くの人が手にしている道具であることをふまえると、モバイルメディアは、「キャンプ」を拡げていく意味でも欠かすことができないだろう。

③素早くすすめる
　身軽さ、気軽さとも関連するが、「キャンプ」をすすめていると、スピード感覚も重要であることに気づく。すでに紹介したとおり、私たちの「キャンプ」では、出かけた先で、何らかの形のある〈モノ〉をつくることを重視している。さまざまな制約があるので、思うようにいかないことも多々あるが、可能であれば、滞在中に集中的に作業をすすめ、その場で

成果を出すことを目指している。つまり、フィールドワークに出かけたら、できるかぎり「宿題」を持ち帰らないよう、現場で済ませてから帰るのである。これが実現すると、気分的にもすっきりする。フィールドワークから戻って、研究室や家で、調査の成果をまとめる作業は、ついつい後回しにしたくなる。フィールドワーク先でお世話になった人へのお礼状を書いたり、自分なりにフィールドワークの体験をふり返ったり、ただでさえ、帰ってからやるべきことはたくさんある。帰路につく前に、調査の成果をまとめて、人びとに配布するところまでを済ませておけば、ずいぶん、楽になる。モバイルメディアは、そのスピードを加速するのに少なからず貢献しているはずだ。

　このスピード感覚は、成果の公開、流通の仕組みを考える際にも考慮したい点だ。できるだけ早い段階で、「キャンプ」の経過や成果がかたちになれば、私たちが、自らの体験をふり返る際にも、役に立つ。すでに触れたとおり、「あちら側」と連携することで、成果のまとめはもちろんのこと、再編集の作業も円滑にすすめられるようになる。ケータイは、単体として、入力装置の役割を果たすだけではなく、さまざまなサービスと連動することによって、私たちの実践感覚に影響をあたえる。

　作業のスピードと成果物の質が、いわばトレードオフの関係にあるという点も忘れずにおきたい。「宿題」を持ち帰らないことを目指すと、必然的に、時間的なプレッシャーに向き合うので、いささか粗いものができあがることがある。諦めや妥協へと意識が向くこともある。だが、そうした状況こそが、「キャンプ」というアプローチの意味を確認する機会になる。「キャンプ」では、追い込まれた状況で、時間的なプレッシャーに向き合いながら、かぎられた資源を最大限に活かそうと試みる。そのこと

で、創造力が喚起されると想定しているからである。

3 調査者という役割の変化

◆共有すること・続けること

　フィールドワークにおいて、見知らぬ人びとにカメラを向ける際には注意が必要である。何気ないつもりでも、人にカメラを向けること自体が、暴力的なふるまいになりうることを、自覚しておかなければならない。いかにも「調査」をしているという風体で、無骨な一眼レフカメラを手にしていると、撮る側と撮られる側との間に、ある種の距離感が生まれる。相手が緊張し、構えられてしまうと、活きいきとした日常の様子を記録することができない。それに対して、どうやらカメラ付きケータイは、撮る側も撮られる側も、リラックスできるようだ。これまでの経験で、ケータイのカメラだと、より自然な写真を撮れることがわかってきた。また、現場へのアクセスという観点からも、ケータイは、従来の方法を変容させつつある。最近では、カメラ付きケータイの画像や動画によって、機密性の高い情報が流出することが問題になっているが、私たちの身体に近いところにあるケータイは、これまで以上に、微細な生活の断片を切り取ることができる。

　言うまでもなく、ESM のような試みは、メディア機器の発展や普及と密接に関連している。たとえば恒常的に現場をモニタリングすることによって、時間的な変化を追うことが可能になり、さらに、メールの同報性を活用して、調査者の眼をいくつも偏在させることもできる。将来的には環境に埋め込まれた情報と、ケータイとが連動することによって不可避的に

データが収集されることになるかもしれない。その時には、もはや〈調査者＝被調査者〉という関係性も消失することになるだろう。いずれにせよ、カメラ付きケータイは、人びとの経験をサンプリングするための「装備」として、すでに私たちのポケットのなかにあるのだ。

　ここで、「キャンプ」における経験学習のプロセスを、社会調査の方法と関係づけて考えるために、以下のふたつの観点から整理しておこう。まず、調査がどのくらいの時間をかけて実施されるかという軸を考えることができるだろう。短期的、単発的におこなう調査もあれば、長期的、継続的に設計される調査もある。また、調査の対象となる人びとと、どのような関係を結ぶかという観点も重要である。つまり、何らかの報酬を準備して協力を要請するのか、それとも、自発的な協力が見込めるかどうかによって、調査のあり方は変わる。いずれも、データ収集にともなうコストの問題である。これらのふたつの軸によって、〈図3-5〉のように、大きく４つのパターンを考えることができるだろう。なお、以下では、それぞれを際立たせるために、特徴的な例として説明を試みている。

　短期的、単発的におこなわれ、「被験者」の協力が必要になる調査で代表的なのは、アンケート調査である（図中右下）。バリエーションはあるものの、回答者には、一連の設問に答える手間と時間を提供してもらう必要があり、そのお礼に、粗品や謝礼の準備をすることも少なくない。対面ではなく質問紙を郵送し、返信してもらう場合には、回収率を上げるための工夫が必要になる。インターネットを利用したアンケート調査の場合にも、懸賞などで動機づけを試みている場合がある。いずれにせよ、このタイプの調査は、回答をある一定期間内に収集することが多く、回答率を引き上げるためには、インセンティブをあたえることになる。

〈図3-5　あたらしい社会調査に向けて〉
　　——「キャンプ」の思想は、人びとの自発的な参加が長きにわたって継続するような調査方法（図中左上）と親和性が高い。
　　アンケート、ワークショップ、フィールドワークといった例は、相互に排他的なものではなく、それぞれ典型的なパターンとして示してある。実際には、社会調査の方法は、その目的や現場の状況に応じて、設計される。

つぎに、かならずしも調査という範疇で扱われていないかもしれないが、ワークショップのような場づくりも、人びとの考え方や生活に触れるための、いい機会になる（図中右上）。典型的なワークショップでは、決められたテーマについて参加者がアイデアを出し合い、お互いの価値観の多様さを確認したり、グループとしての合意形成を試みたりする。ワークショップは、参加費が必要な場合もあるが、それでも、あるテーマについて関心の高い人びとは、自発的に参加する。いわゆる謝礼としてのコストは、あまり考えることなく、データの収集が実現するのだ。短期集中的に人びとの意見を集め、さらにコミュニケーション過程の観察もできるので、ワークショップは、ひとつの調査法として理解することができるだろう。

　フィールドワークは、ある程度の時間を必要とする調査方法である。そして、何度か現場に足をはこびながら、人びととの関係性を築くことが課題となる。金銭的な報酬や形式ばった関係は、かならずしも必要ではないが、「情報提供者（インフォーマント）」に協力を求めなければならない。アンケートとはちがったやり方で、被調査者との関係を構築、維持するための仕組みを考えておくことが大切である。さらに、調査が終了したあとでも、フォローアップや、つぎにつなげるための時間やエネルギーは見込んでおかなければならないだろう。

　最後に、図の左上に位置するのは、長期的、継続的におこなわれる調査で、かつデータ収集に際して自発的な協力が得られるような場合である。これまで、こうした調査は、コストや運用面で、実現するのが難しかった。それが、近年のメディア環境の変化にともなって、データ収集から分析の方法にいたるまで、あたらしい領域をつくりつつある。実際に、ブロ

グの記事や、ネットワーク上の掲示板への書き込みなどは、人びとの意見や嗜好を知るためのデータとして活用されはじめている。商品の使用感やサービスの評価、イベント等の口コミ情報は、多くの人が、絶え間なく、自発的にウェブ上に掲載している。こうしたデータを、継続的に読み解いていくことで、調査の期間を大幅に拡げることができる。

　また、カメラ付きケータイを活用した調査も、マーケティングの分野を中心に、「モバイルリサーチ」として、その可能性に関心が寄せられている。たとえば、食品メーカーが、商品パッケージのデザインを考案するにあたって、一般家庭の冷蔵庫のなかの様子を調査したいと想定してみよう。これを、従来型の調査で実現しようとすると、調査者が戸別に訪問し、主旨を説明するとともに、「お宅の冷蔵庫のなかを見せてください」と頼み、さらに写真を撮る許可をもらわなければならない。そもそも、留守宅かもしれないし、内容を話しただけで門前払いになる可能性も高いだろう。いっぽう、近年のカメラ付きケータイの普及をふまえて、協力者を募るやり方も考えられる。家に上がり込んだメーカーの社員が、冷蔵庫を開けるという煩わしさはないし、家事をしながら、都合のいいときにケータイで写真を撮って送信するだけでよい。少しでも報酬があれば、手軽な在宅のアルバイトとして、歓迎されるかもしれない。うまく協力者を見つけることによって、ビジュアルな「生活記録」を収集することができる。マーケティングの分野にかぎらず、さまざまな領域で、カメラ付きケータイの機動力を活かした調査が可能なはずである。

　上述のとおり、近年のメディア環境の変化やケータイ等の活用をふまえると、私たちがこれまで調査と呼んできたさまざまな方法は、確実に変化していくと考えられるだろう。「キャンプ」の思想は、人びとの自発的な

参加が長きにわたって継続するような調査方法と親和性が高い。つまり、「キャンプ」という学習環境における〈モノ・コト〉の理解は、ボランタリーに参加する人びとがゆるやかに結ばれ、情報をお互いに共有しながら促進されるのが理想である。本書で紹介している事例は、集中的におこなわれるようにデザインされ、一回一回の「キャンプ」は短期間で終わってしまうものだが、「キャンプ」というアプローチが日々の生活に組み込まれ、くり返しおこなわれていくのが目指すべき姿だ。また、学生たちのゼミ活動であるかぎりは、自発的参加とは言い難いかもしれない。ふだんの生活のなかで、さまざまな現場と向き合う人びとが、「キャンプ」の発想で、身の回りの出来事を観察、記述し、情報発信をはじめるようになれば、「あたらしい社会調査」ともいうべきアプローチが、さらに広く受け入れられるにちがいない。

◆みんなで調べることに意味がある

　マーケティングの分野では、近年、人びとの消費行動において、「検索（サーチする）」や「情報共有（シェアする）」が重要な役割を果たしていることが指摘されるようになった。自分の経験に照らして考えてみても、何かモノを買う前に、価格の情報や使用感などをネットで確認することは珍しくない。もちろん、店まで出かけて現物を手にとるほうがよいのだが、事前の調べ物が、買うかどうかの最終的な判断に影響をあたえることも確かだ。とくに、メーカー等の「公称」だけではなく、口コミやウワサも無視できない。そうした情報を役立つと感じたり、ある種の信頼性さえ覚えたりするのは、自分とおなじ、購買者という立場から情報が提供されていることと無関係ではないはずだ。つまり、調べ物を必要としている自

分も、別の場面では、情報提供者になりうるという理解があるからこそ、そういった情報を求め、自分の行動に結びつけるのだろう。こうした状況をふまえて、実際に、メーカーが、アルファ・ブロガーと呼ばれるオピニオン・リーダー的な人たちに新製品のレビューを依頼しているケースもあるという。

　あるいは、「こういうものが欲しい……」という提案型の商品開発もおこなわれるようになった。ユーザーならではのアイデアや、現場の細かいニーズを反映させるために、潜在的なユーザーどうしを結びつける仕組みをつくるのである。ネットワークなどを介して意見交換がおこなわれ、共同作業のなかから、最終的な完成予想図がつくられていく。ある一定数の購入者を見込むことができた段階で、実際に商品化にすすむので、メーカーのリスクも軽減される。

　いずれの場合も重要なのは、ちょっとしたきっかけで、「火が点く」ということだ。つまり、一人の些細なつぶやき程度の書き込みであっても、予期せぬ所に、予期せぬ数の読者がいて、それに反応する。ひとたび、誰かが共鳴すると、口コミのネットワークは拡がりを持ち、大きなエネルギーをもつことになる。決して大げさな話ではなく、「社会現象」と呼べるような規模へと拡大することもある。ネットワークを介して、一人ひとりが、常にお互いを見守っている状況だと言えるかもしれない。

　そう考えると、モバイルリサーチは、たんに身近で便利な方法というだけではなく、社会的な意味も重要であることに気づくだろう。前述のとおり、近年のネットワーク環境の変化にともなって、長期的、継続的な調査が可能になった。また、多くの人びとが、自発的にデータを収集したり、ウェブ上に掲載したりする土壌も生まれつつある。こうした変化は、これ

まで、いわば特権的な立場をあたえられてきた「調査者」という役割を再編成する可能性があるのだ。まだかぎられた範囲ではあるが、私たちの自発的な情報発信が日常化しつつある点は、注目に値する。たとえば、ウェブログ（ブログ）に毎日の出来事を綴る人は急増しているし、カメラ付きケータイをつかった写真日記のようなものも、利用者が増えつつあるようだ。また、ソーシャル・ネットワーキング・サービス（SNS）も社会的に認知され、さまざまな人と人の「つながり」が生み出されている。「社内SNS」によって、インフォーマルなコミュニケーションを促進し、職場の同僚たちをより多面的に理解しようとする試みもある。もちろん良い面ばかりではなく、こうしたSNSなどが、いわば「裏」のコミュニケーション・チャネルとなって、会社への不満や職場のウワサ話が渦巻く場所になっているケースもあるようだ。

　メディア環境の変化にともなって、ごくかぎられた人による情報発信ではなく、より多くのふつうの人による情報発信が日常化している。マーケティングにかぎらず、社会調査やフィールドワークという観点から考えると、「頼まなくても」自然にデータが提供されるということである。つまりそれは、〈調査者＝被調査者〉という関係性の変容を示唆している。当然、データの質や信憑性をどう見極めるかが課題になるが、多くの人が、自分の意見や態度を自発的に表明するようになれば、データ収集のための苦労や工夫から、ある程度は解放されることになる。

　たとえば、桜前線の移動や花粉の飛散などの状況を、ネットワーク上で共有する試みがなされている。「さくらマッピング」は、カメラ付きケータイを活用して、自分の近所の桜の開花を投稿するシステムである。一人ひとりが投稿することで、各地の桜の様子が、時間の情報とともに地

図上に並べられていく。その地図の変化を見ていれば、文字どおり桜前線が徐々に北上していくありさまを確認することができる。当然のことながら、「公式」の開花宣言はあるものの、実際に求められているのは、ローカルな情報であることが多い。私たちの行動を考えてみても、区や地域といった範囲で開花情報を知るよりも、住まいから近い場所や、いつもお花見に訪れている場所の情報さえ手に入れば、それで事足りる。みんなで情報を共有すれば、自分で確認しに行かなくてもよいのだ。
　調査のあり方自体が変化すれば、もはや「被調査者」「調査協力者」という呼び方はふさわしくないものになる。個人的な生活の断片を、みずからが写し撮る。その時点で、誰もが「調査者」になるのである。ちょっとした個人個人のふるまいが、お互いのコミュニケーションをつうじて絶えず調整される。「考現学」がそうであったように、調査そのものの思想と、「しかた」が共有されていれば、あとは、一人ひとりが自律的にデータを収集することができる。ちょっとしたことであればこそ、さほど気負うことなく、続けることができる。個人の購買行動ではなく、まちや地域のために何かをする場合、直接目に見えるかたちでその結果を確認することは容易ではないかもしれない。しかしながら、自分のためにすること、趣味で続けることが、やがては全体を理解するためのまとまりになる。一人ひとりのふるまいが集積されたとき、どのようにまちや地域に変化をもたらしうるのかが実感できるようになれば、日常的な行動が、ある種の社会的な責任として認識されることになるだろう。ちいさなことでも、自分が変革に貢献しうることが「見える」ようになるとき、私たちの心に「火が点く」のである。私たちにとって、その仕組みをいかにデザインするかが課題なのだ。

◆データを使いこなす

　ケータイは、腕時計やメガネのように、いまや身体の一部となって機能するようになった。日常生活に欠くことのできない、「装備」として位置づけるべきものかもしれない。「キャンプ」としてデザインされる学習環境においても、十徳ナイフのような役割を果たすはずである。私たちは、多機能化したケータイを日常的にもちいることによって、みずからを取りまく風景を、時間や位置情報とともに記録することができる。つまり、このあたらしい「装備」は、私たちが、「いつ、どこで、何を見ていたか」という日常生活の細片を収集し、蓄積することを容易にしてくれるのだ。同時に、社会調査やフィールドワークという領域においては、調査の対象となる〈モノ・コト〉への感受性ばかりでなく、「調査者」自身への感受性も重要である。つまり、現場にいる自分が、どのような立場で〈モノ・コト〉を見ているのかを、どれだけ意識できるかという問題である。

　すでに述べたとおり、モブログのように、誰もが気軽に日常生活の様子を投稿し、相互に参照するという環境は、確実に普及しつつある。その用途や意味づけは、まさに私たちが社会関係の中で構成していくものである。多様な考え方はあるが、日常的に蓄積されていく写真や動画を人びとの「生活記録」としてとらえるとき、それは社会的な価値をもちうる資源（資本）として理解することができるはずだ。たとえば、地域コミュニティのメンバーが、その地域の社会的記憶として「生活記録」を収集するとき、それは、「コミュニティ力」を高めるきっかけになるはずだ。誰もが調査者になるという発想で考えると、ちょっとした観察や記録が、束ねられ、ひとつの秩序あるまとまりとして整理されることによって、一人ひとりのふるまいが意味ある活動として理解されることになる。そして、

これまでの社会調査	あたらしい社会調査
〈調査者＝被調査者〉という関係性 →	みんなで調査する
短期的・単発 →	長期的・反復
説明による納得 →	了解による浄化

〈図3-6　みんなで調べることに意味がある〉
　　　　——より多くの人が、日常生活のなかでデータを収集し、みんなで共有することによって、あたらしいアプローチが可能となる。

外から、まちや地域コミュニティを訪れる「よそ者」という立場にふさわしい、〈モノ・コト〉のとらえかた、つまり、調査の思想と記録の「しかた」もあるはずだ。

　ところで、個人的な記録を収集、蓄積することには、どのような社会的な意味があるのだろうか。これまで、私たちがすすめてきたフィールドワークは、「おもしろい」という評価を得ることができた。カメラ付きケータイを使ったり、「ぷちインターンシップ」を試みたり、あるいはポストカードの形で成果をまとめたりというそれぞれの試みは、珍しさもあってか、おおむね好意的に受け入れられてきた。だが、「おもしろさ」は、目的ではない。そもそも、学ぶことは楽しいはずであるし、そのための創意工夫は、学習環境のデザインにおいては当然考えるべきことだからである。つまり、その「おもしろさ」の先に、どのような可能性を見いだすか

という問題に向き合わなくてはならないのだ。人びとの暮らしを、継続的に記録すること自体にも大いに意味があるが、絶えず収集、蓄積される「生活記録」が、私たちにとって、さらにはまちや地域にとって、どのような意味があるかについて考える必要がある。フィールドワークを方法として位置づけるとき、私たちには、どのような実践上の貢献が可能なのだろうか。社会学者のケン・プラマーの『生活記録の社会学』には、つぎのような一節がある。

「……具体性をもった細部こそ、われわれが研究すべき人びとの生活なのであるが、そうした生活は、必然的に、強制と選択、差異性と相似性といった矛盾に陥らざるをえない。生活史を通じてのヒューマニスティックな参与は、ヒューマニスティックな実践につながる。この研究スタイルには、激烈な実践性も暴力的な急進性も見られない。ただ、人びとの生活の話を移し変え、ふるいにかけ、そして提示するだけである。だが、うまく行われるなら、こうした方法だけが、注意や警告を促し、あるいは変革を与えられるのではないだろうか。」（原田勝弘ほか監訳）

さらにプラマーは、ロバート・パークに代表される「シカゴ学派」の研究方法について触れながら、個人記録によって「問題そのものを熟知すること」こそが、変革への最もよき源泉であることを示唆している。さまざまな「生活記録」の収集を基礎とする調査の方法は、「了解による穏やかなカタルシス（浄化）を生み出す」のである。つまり、理論や公式なデータによって、説得や納得をもたらすことは目指していないのだ。むしろ、個別具体的な記述の集積から、意味を引き出すことが主要な課題なのであ

る。まちや地域をとりまく問題の熟知を志すことが、自分の主体的な関わりを意識するきっかけになる。それが、「頭でっかち」ではない、「地に足のついた」実践である。

　まちのフィールドワークをおこなっていると、しばしば処方箋的な「こたえ」を求められる。地域資源の発見、再発見をふまえた、即効性のあるプランが必要とされている場合が少なくないからだ。「調査」と呼ばれる活動であれば、当然のことかもしれない。だが、まちや地域を変えていくには時間がかかる。ゆっくりではあっても、じわじわと、確実に私たちの身体に入り込む、遅効性の方法も必要である。人びととまちとの関わりのなかでこそ、「問題そのものを熟知すること」が可能となる。「キャンプ」は、変化が激しく、スピード感がもとめられる社会において、熟考、熟知することの意味を問い直し、了解にもとづく浄化を生み出すための仕組みとしてデザインされる。それは、現場で、自分に直接関わりのある〈モノ・コト〉を考えながら、たとえ短くても親密で創造的な時間をつくりだす試みである。「キャンプ」においては、私たち一人ひとりがみずからと向き合い、日常生活の意味づけをおこなう。誰もが「調査者」であることを認識すれば、それは、継続的で拡がりを持つ活動として展開できるのである。

4 「キャンプ」のためのトレーニング

1 ケータイをもって、まちに出よう

　ケータイは、いまや「必需品」ともいうべき存在になった。とくに、若者がケータイをなくしたとき、家に忘れてしまったときの反応を見ると、相当な喪失感を味わっていることがうかがえる。いささか大げさだが、ケータイのない一日は、友だちもスケジュールもない一日に等しいとさえ思えるほどだ。ケータイは、まるで身体の一部であるかのように使われており、私たちのカバンやポケットのなかで、確実に「居場所」を獲得したようだ。

　近年の多機能化をふまえると、ケータイは、コミュニケーションのための道具であると同時に、さまざまな記録が詰め込まれた機器として理解することができる。多い場合には、数千枚の写真をケータイに保存して、持ち歩く人もいるという。友だちと会ったときに、ケータイの画面をのぞき込んで、写真を見ながら、会話をはじめるのである。すでに述べたように、私たちが、肌身離さず携行するようになったケータイこそが、「キャンプ」にとって重要な装備になる。ケータイは、あたかも十徳ナイフのように、まちでのフィールドワークに役立てることができる。

　ここで言うケータイは、カメラなどを備え、高機能化した携帯電話を想定しているが、もう少し広い意味で、携帯用音楽プレイヤーや小型のデジ

タルカメラなど、日常生活で携帯することが多くなったメディア機器をふくめて、考えることもできるだろう。こうしたメディア機器の進歩や変化はめざましく、つぎつぎとあたらしい製品が登場する。だが、あたらしい機器が生まれたり、多用な機能が融合したりしても、私たちが毎日持ち歩くことのできるカバンの容量や、身にまとう衣服のポケットの数は、それほど大きく変わることはないはずだ。そして、私たちは、日々のコミュニケーションや記録のために「何か」を携帯しつつも、重くてかさばる荷物からは解放されたいと願っている。その、「何か」の総称としてケータイを頭に浮かべておきたい。要は、私たちは、毎日ケータイをポケットに入れて、あるいは片手に携えて、出かけるということだ。

　近年、さまざまな領域で、フィールドワークの重要性が指摘されるようになった。たとえば、あたらしい商品やサービスを考案する際、統計データや意識調査などではわからない「現場」の様子を知ることが大きな意味を持つからである。机に向かってばかりいないで、「外」に出て、「現場」に触れることが求められているのだ。だが、このような要求はあっても、具体的に何をすればよいのかわからない場合が多いのも事実である。日常的にまちを歩いているにもかかわらず、業務命令として、あるいは、課題として「フィールドワークをしなさい」と言われると、何からはじめたらよいのか迷ってしまうことはないだろうか。

　そこで、フィールドワークのヒントになる簡単な練習をいくつか紹介したい。前述した経験学習の流れでは、「試す・練習する」というフェーズにあたる（43ページ参照）。たとえば、以下に挙げる①〜⑩のような一連の練習をしておくと、具体的な観察やデータの収集がやりやすくなるはずである。わざわざ「フィールドワークをしなければ……」と気負うことも

なく、まちを眺めることができるようになる。当然のことながら、「キャンプ」に役立つ基本的な動作を身につけることにも役立つ。一つひとつはとても簡単なので、カメラ付きケータイを片手に、まちを歩きながら試してみてほしい。これによって、フィールドワークに必要なすべてを学ぶことにはならないが、ヒントにはなるはずだ。慣れてくれば、自分の関心に応じて、「いつもとはちがう」日常が見えてくる。

①自分で近づく

　フィールドワークの基本は、自分の目で見ることである。カメラのズーム機能ではなく、自分の足を使って、観察対象に近づく。その時、躊躇は禁物である。フィールドワーカーとしての自覚と好奇心をもって、できるかぎり距離を縮めてみる。もし、フィールドが、駅や広場などの公共スペースの場合や、観光名所として知られているような場合には、さほど問題なく観察対象に近づくことができるはずだ。しかしながら、誰かにカメラのレンズを向けるということ自体が、暴力的な意味をもつこともあるので、見知らぬ場所でのフィールドワークや異文化についての調査ではとくに注意が必要である。もし、近づくのが難しいと感じたら、その理由を考えてみよう。

　フレームのなかの観察対象のサイズ（つまり、カメラのフレームによって、観察対象がどのように切り取られるか）と、被写体への距離（その時、自分はどこまで近づいているか）との関係を、身体的に理解することが重要である。

試してみよう

　フィールドに出かけて、三枚の写真を撮る。
・まず、観察対象を決めて一枚。
・そして、少し近づいて一枚。
・さらに近づいて、もう一枚撮影する。

　この練習で考えてほしいのは、調査者と被調査者との距離（もしくは距離感）の問題である。私たちは、便利なせいか、ついズームを使って観察対象との距離を縮めようとしてしまう。最近では、ケータイのカメラでさえも、ズーム機能を持ち合わせているので、手軽なことも確かだ。また、物理的な条件など、さまざまな理由で、実際に近づくことが難しい場合はもちろんある。だが、フィールドワークの心得として、できるかぎり自分で、観察対象に近づくことが重要である。少なくとも、最初からズームを

使うようなことは避けるようにしたい。

　たとえば、この練習を課題として取り組んでもらうと、写真には、〈モノ〉が写されていることが圧倒的に多い。それは、言うまでもなく、〈モノ〉であれば、私たちが距離を縮めることにほとんど問題がないからである。じっと動かずにいる〈モノ〉に向かって、私たちは自由に近づくことができる。ペットなどの場合も、同様である。当然、犬や猫は警戒してカメラの前から立ち去ることもあるが、私たちが近づくのに対して、「いやだ」と言葉を発することはできない。調査者は、一方的に距離を縮めることができる。私たちがフィールドワークで目指したいのは、〈ヒト〉への接近である。〈ヒト〉の場合には、家族や友人が写っていることがほとんどだ。知り合いなら、カメラを向けながら近づいても、ある程度は許容されるからである。素朴なことながら、この練習をすると、見知らぬ〈ヒト〉に、近づくのが予想以上に難しいことに気づくだろう。

　少し観点を変えると、写真には、調査者と被調査者との関係性が写されていると理解することができる。つまり、誰かに数十センチの距離まで接近しても、警戒されることなく写真が撮れるということは、その人とのあいだに、それが許される関係性が成り立っているということである。一声かけて近づくのには、それなりに勇気や度胸も必要になるが、フィールドワークでは、その時、その場で、〈ヒト〉との関係性を築くことが求められる場合が少なくない。むしろ、「近づく能力」ともいうべきものを高めることが、より深い洞察やあたらしい発見に結びつくはずである。ズームを使わずに近づくと、相手の「パーソナルスペース」と呼ばれる領域に踏み込むことになるかもしれない。それは、心理的な不快感や警戒心が伴う「近さ」になる可能性もあるので、調査者の責任、そして影響力について

考えるきっかけにもなるだろう。

②くり返す

　フィールドでは、すべてを観察、記録することはできない。そして、つねに予期せぬ出来事が起こりうる。その時、その場で臨機応変に対応することが求められるが、あらかじめ、自分のふるまいについて大まかな「方針」（つまり、観察や記録のすすめ方）を決めておくとよい。たとえば、フィールドワーカーである自分と、観察対象を「定点」として固定してみる。現場は、調査者が自ら決めた方針によって切り取られる。ひとつの方針にもとづいて記録をすすめることによって、見えるようになる〈モノ・コト〉は何か。逆に、見えなくなる〈モノ・コト〉は何か。

　日常生活は複雑で変化に満ちているが、思っている以上に規則的であることに気づくかもしれない。くり返し観察、記録することによって、そのリズムやスピードを感じることが重要である。

試してみよう

　フィールドに出かけて、少なくとも三枚の写真を撮る。この際、おなじ「定点」が確保されていることを意識するとともに、撮影時間、場所についての情報も併せて記録しておく。
・まず、観察対象と自分の位置（定位置）を決める。
・つぎに、記録する間隔（1分おき、1時間おき、1日おきなど）と回数（10回、100回など）を決める。
・決めた方針にもとづいて、くり返し撮影する。

このように定期的、継続的に決められた場所で観察、記録をすすめる方法は、一般に「定点観測」として知られている。フィールドワークをつうじて、〈モノ・コト〉の何らかの変化を理解しようとする際、この方法は役に立つ。もっともわかりやすいのは、調査者と調査対象のいずれも、定点として固定されているような場合である。つまり、調査者は、あらかじめ決められた場所から、調査対象を連続的に観察、記録することになる。たとえば、駅や広場などの公共スペースでの人びとの行動について調べるときは、観察しやすい場所（つまり、長居できる場所）を決め、そこからひとつの定点を観察することができるだろう。変則的なやり方として、決められた場所から、複数の定点を調べることもできる。調査者は決められた場所に留まり、あらかじめ決められた複数の定点を、順番に観察、記録していくのである。

　定点観測におけるカメラの位置は、物理的な制約によって、ある程度は決まってくる。ケータイのカメラなら問題は少ないかもしれないが、三脚

を立てて撮影をするような場合には、通行人がつまずいたり、風で倒れたりといったことのないように、カメラの位置については、配慮が必要である。さらに、調査者の問題意識も、カメラの位置を決める重要な要素となる。何を、どのように写真として記録したいのか。これは、まさに調査の目的やテーマに関わる問題である。カメラの位置を決めるにあたって、自分の仮説や問題意識をもう一度確認しておくといいだろう。

　また、定点観測をすすめる際には、事前に記録する間隔や回数を決めることになる。撮影者（カメラ）の位置が確定したら、いつ始めて、いつ終わるかという調査の開始と終了の時点を設定する。そして、シャッターを押すタイミングやインターバルについても、事前に決めておく。また、たとえば曜日によって変化が想定されるような場合には、調査日や調査回数についても計画を立てておく必要がある。

　撮影者の位置や撮影方法（回数と頻度）が決まったら、あとはそれにしたがって観察、記録をすすめる。あらかじめ決めた方法で、記録が終了するまで一貫性をもって続けることが重要である。当然のことながら、調査者の期待どおりの写真が撮れる保証はない。しかしながら、それによって、カメラのアングルや撮影のタイミングが変わってしまうと、「定点観測」の意味や考え方そのものが問われることになる。その意味でも、可能なかぎり、事前の準備や予備調査をおこなうことが望ましい。

③集める

　定点を決める方法と同様、フィールドワークに出かけて、すぐに試すことができるのは、何かを集める（採集する）という方法である。フィールドワークに際して、「マーカー（目印）」となる観察対象を決めておき、

集めてみる。ここで言うマーカーは、モノ（カバン、交通標識、靴など）でもいいし、コト（握手、行列、雨やどりなど）でもいい。現場で、集めるべきマーカーであるかどうかを判断しやすいように、わかりやすい〈モノ・コト〉をえらんでおくとよいだろう。

　まずは三枚の写真を撮ることからはじめて、可能であれば、毎日の生活のなかで、マーカーの採集を習慣づける。枚数が増えてきたら、対象とな

試してみよう

　フィールドに出かけて、少なくとも三枚の写真を撮る。この際、自分とマーカーとの距離をできるかぎり一定に保つことを意識する。また、撮影時間、場所についての情報も併せて記録しておく。
・まず、マーカー（目印）（集めるべきモノ・コト）を決める。
・比較することを意識しつつ、マーカーを集める。

った〈モノ・コト〉の共通点や相違点について考えてみよう。

　あらかじめ決めておいた〈モノ・コト〉を、「集める」というやり方は、定点観測と同様、フィールドワークの基本動作だと言えるだろう。定点観測の場合には、調査者が自分の居場所やカメラの位置、記録のルールなどを決めさえすれば、あとは規則的に記録を続けることで、データを収集することができる。集めるというやり方では、対象となるマーカーが、比較的身近な場合には、調査日を決めてある程度の件数を集めることが可能かもしれないが、集めるべき対象が、どこに、どの程度分布しているのかがわからない場合には、時間を要する調査になるはずだ。対象となる〈モノ・コト〉にもよるが、どのように日常生活のなかでデータ収集をおこなうかを考えておかなければならない。さほど時間のことを気にせずにすすめることが許されている場合には、できるかぎり自分の感度を高めながら、地道に集める作業を続ければよい。プライベートな時間と、調査の時間との区別はいささか曖昧になるかもしれないが、つねにカメラなどを持ち歩いていれば、集める作業は、日常生活のなかで継続的におこなわれることになる。少し大げさに言えば、集めるという営み自体が、生活の一部になる。集めるという方法は、そのプロセスのみならず、収集されたデータを分類することも重要な課題になる。データの分類は、調査者の問題意識に依存する部分が少なくないが、〈モノ・コト〉がどのような属性や状態によって分類できるのかを考えてみることをつうじて、あらためてフィールドの理解がうながされることになる。

　すでに述べたとおり、近年のウェブ環境を活用して、収集、蓄積されたデータの公開、共有の仕組みをうまくデザインすれば、集める作業は大きく変容するだろう。たとえば、カメラ付きケータイから、直接データを送

信できるような環境は、データの蓄積はもとより、あとで分類、検索なども容易となる。さらに、ひとりで調査をするのではなく、おなじマーカー（目印）を複数の調査者で集めるといった調査も実現可能となる。みんなで集めるという発想は、たんにデータを効率的に収集するばかりなく、調査という営み自体を共有するという、あたらしい調査の可能性を拓くかもしれない。ウェブの特質を活かせば、場合によっては、見知らぬ誰かとともに同じ対象を集めることも可能になる。比較や分類を容易にするためにも、写真を撮る際には、サイズや距離感を意識しておくことが望ましいだろう。

④まわりを見る

　フィールドワークをすすめる際には、観察者としての自分の位置について、身体的に把握しておくことが大切である。それは、自分と現場との関係性を知ることにほかならない。とくに、調査対象との距離を「適切に」保ちながら調査をすすめたいとき、あるいはあらかじめ決めておいた場所にしばらく留まったり、何度かくり返し訪れたりして観察をおこなうとき、自分の居場所と、それをとりまく状況の理解は不可欠だと言えるだろう。まずは、注意ぶかく自分の周りを見て、目に映る〈モノ・コト〉を確認してみる。

　写真を撮り終えたら、もう一度、自分の足もと、それぞれの向きを眺めてみる。時間とともに変わりゆく〈モノ・コト〉があるかどうか、観察や記録の妨げになりそうな要因があるかどうかなど、具体的な調査の流れを想像しながら考えてみよう。

> **試してみよう**
>
> 　フィールドに出かけて、四枚の写真を撮る。この際、できるかぎりカメラをおなじ高さに保つことを意識する。また、撮影時間、場所についての情報も併せて記録しておく。
> ・まず、撮影をおこなう場所（定位置）を決める。
> ・前、後、左、右を向いて、それぞれ一枚写真を撮る。

　素朴なことながら、この練習によって、自分の向きに応じて目の前の光景がどのように変わるかを確認してみよう。言うまでもなく、私たちの視野は、限られている。画角の広いレンズをつけていても、カメラが切り取ることのできる風景は、カメラの向きによって決まる。つまり、どの方向を向くかという決断は、調査のありかた、ひいては収集されるデータの内容や質を決定する。もちろん、フィールド調査であるからには、調査者

が、自分の問題意識にもとづいて、何に注目し、何をフレームに収めるかを考えているので、カメラの向きは、気まぐれに決まるわけではない。調査者の居場所は、いわゆる「サンプリング」の問題と直結しているのだ。あたりまえのことながら、くるりと後ろをふり向けば、見える風景は、180度ちがう。調査者の選択によって、見える〈モノ・コト〉が決まるという点は、つねに意識することが重要である。

　現場で、調査者がどのような居場所を獲得するかという問題は、いくつかの側面から考えておくといいだろう。まず、物理的な制約によって、調査者の位置がある程度は決まるという点である。そもそも、調査者が容易にアクセスできる場所でなければ、調査自体がはじまらないし、もちろん、自分の身の安全は確保しておかなければならない。たとえ、対象となる〈モノ・コト〉を正面からとらえることのできる、理想的と思えるポジションを発見したとしても、周囲の環境が要求水準を満たしていなければ、調査そのものが立ち行かなくなる。そのためにも、四方（場合によっては上下）を十分に確認しておかなければならない。

　もうひとつは、調査者の心理的な居場所に関わる側面である。フィールドワークは、広い意味での「異文化体験」を伴うものであるから、調査の現場で何らかの窮屈さを味わうことには意義がある。不自由さをふくめ、現場の多様性を知ることで、調査者としての寛容さが身につくことはまちがいないだろう。だが、たとえ短い時間であったとしても、調査者として、自分の居場所に、あまりにも心理的な抵抗感を覚えるような場合には、問題である。現場でのワクワク感なら歓迎すべきだが、心のありようが不安定になるような居場所は、好ましくないはずだ。調査者が、どのアングルをえらび、どのように現場を切り取るかという意思決定は、周囲の

環境に対する主観的、感覚的な理解と無関係ではないことを認識しておく必要がある。結局のところは、調査者が、さまざまな理由や意味づけにもとづいて、調査対象となる〈モノ・コト〉をえらんでいるのだ。

⑤ 多面的に見る

さほど意識しない場合もあるが、フィールドワークでは、つねに自分の関心にもとづいて、現場の理解を試みている。どこから観察や記録をおこなうかという、調査者の居場所の問題（④）にくわえて、もうひとつ忘れてはならないのが、調査者が何を見るかという着眼点の問題である。これは、どこから見るかという問題と無縁ではないが、あるひとつの〈モノ・コト〉が、多彩な「顔」を持っていることを、あらためて確認しておくとよいだろう。私たちが向き合う観察対象は、「どこを見てもおなじ」ということは、めったにないはずである。

このとき、対象となる〈モノ・コト〉への距離を、できるかぎり一定に保つように心がける。物理的な条件のみならず、さまざまな理由で、思うように写真を撮ることができないかもしれないが、この練習をつうじて、私たちが記録として残しうるのは、〈モノ・コト〉の、あるかぎられた部分にすぎないことを再認識しよう。

試してみよう

フィールドに出かけて、数枚の写真を撮る。
・まず、対象となる〈モノ・コト〉を決める。
・前、後、左、右、上、下などさまざまな角度から写真を撮る。

このように、ある〈モノ・コト〉を多面的に見る方法は、「定点観測」のひとつのバリエーションとして理解することもできる。調査対象が定点として決められており、調査者が移動しながら、調査対象をさまざまな角度から観察、記録するからである。調査対象の撮影を考えると、正面からの写真だけでは不十分な場合がある。側面や背面からの写真があって、はじめてその「実像」がわかることも少なくない。たとえば、〈図4-1〉のように、「丸くて四角くて三角なもの」は、存在しうる。どの位置から見るかに応じて、モノの形状はことなって理解されるのである。これは、例としてくさび型のモノを仮想しているが、もっと私たちの身近なところにも、類似した状況はたくさんある。さまざまな理由で、撮影する位置がかぎられてしまうこともあるが、可能であるならば、対象となる〈モノ・コト〉を、ことなるアングルからとらえてみよう。何かあたらしい発見や気づきはあるだろうか。

　さらに、調査対象のどの側面が観察可能か（つまり、どの側面が観察不

〈図4-1　丸くて四角くて三角なモノ〉
　　　──どこから見るかによって、モノの形状はことなって理解される。私たちが向き合う観察対象は、どこを見てもおなじということは、めったにない。

可能か）を考えることは、フィールドワークの社会的な意味を再認識するきっかけにもなる。私たちのコミュニケーションは、〈見る＝見られる〉という関係性によって成り立っている。「表」と「裏」、「外」と「内」というように、社会的な関係性の理解にもとづいて、私たちは見たり、見られたりするのである。調査者という〈見る〉立場からは、ふだんとはちがった角度から対象を眺めることに興味も関心も湧くが、もういっぽうの〈見られる〉立場は、どの部分まで観察を許すかという問題に向き合っている。調査者である自分も、べつの状況には、誰かに〈見られる〉存在になるわけであるから、相互に観察し合う過程をつうじて、私たちの位置関係が決まってくるのかもしれない。このように、すべてが観察可能なわけではないという認識は、たんに物理的な問題ではなく、コミュニケーションの所産として考えておくことも重要である。

私たちは、知らず知らずのあいだに、ある特定のアングルや構図に慣れてしまい、それが、観察のしかたにも影響を及ぼしていることは間違いない。マスメディアなどで描かれるイメージも、少なからず私たちのカメラの構え方を誘導しているはずだ。「お決まり」の観察、記録に終始しないように、つねに、多角的な視線は忘れないようにしたい。

⑥規則性をさがす

　私たちが調査・研究の対象とする日常生活は、複雑かつ猥雑である。そして、フィールドワークの体験は、一回一回がユニークであるという意味で、再現することができない。だが同時に、フィールドワークをすすめていると、起伏に富んだ私たちの生活が、予想以上に規則的であることに気づくはずだ。フィールドに出かけて、できるかぎり観察が容易な「規則性」を探してみよう。私たちの行動と、日常生活に埋め込まれたさまざまな規則性は、どのように結びついているのだろうか。モノとモノ、モノと

試してみよう

　たとえば、つぎのような観点から写真を撮ってみる。写真の撮影時間、場所についての情報も併せて記録しておく。
- 等間隔の配列・配置
- 左右対称のデザイン
- 規格サイズ・形状の組み合わせ
- パターンのくり返し
- ルールにもとづく変化

人、人と人との関係性のなかで考えてみる。

　フィールドワークをすすめるとき、私たちは、知らず知らずのうちに、相違や変化に注目しがちである。じつはこれは、ごく自然なことかもしれない。というのも、私たちは、調査に先だって、何らかのわかりやすい成果を出すことを求められる場合が多いからである。その「わかりやすさ」を求めると、現場では、おのずと〈モノ・コト〉が、ちがっていたり、変わっていたりすることに期待するようになる。「何も変わりませんでした」という報告は、あまり歓迎されないのである。だが、「経験学習」としてフィールドワークを理解するとき、あたりまえとなって、日常生活にとけ込んでいる〈モノ・コト〉へのまなざしは、忘れないようにしたい。つまり、できるかぎり「仮説」を持たずに、現場がどうなっているかに向き合うのである。同じであること、変わらないことも意味のある発見なのだ。

　身の回りにある〈モノ・コト〉の形状やサイズに注目することは、私たちの日常生活であたりまえとなったルールなどについて、あらためて考え

るきっかけになる。たとえば、ビールの瓶は、食卓や冷蔵庫に合うようなサイズでつくられている。瓶のケースは、決められた大きさの瓶が、決められた本数だけ収納されるようにデザインされている。そのケースは、トラックの荷台に並べられたり、積まれたりする。ひとつのモノの形や大きさは、それ自体に意味や必要はあるが、さらに、モノとモノとのつながりや、人の流れ、モノの流れに応じて、相互に依存しながら決まっていることに気づくだろう。

　私たちが日常生活のなかで規則性やパターンを見いだすことには、少なくともふたつの側面がある。まず、規則性を知ることは、私たちに安心感をもたらすという点である。反復されるパターンや、規格サイズは、ひとたび慣れてしまえば、あたりまえになる。いつもどおりの、ある種の秩序をもたらすために、さまざまな〈モノ・コト〉の基準となる単位が構成されているのである。いっぽう、規則性やくり返しは、退屈でもある。たとえば、同じパターンの反復は、いわば安心感の裏返しで、〈モノ・コト〉のありようが、容易に想像できてしまう（少なくとも、想像できると思えてしまう）からである。いずれにせよ、日常生活のなかで、あたりまえとなって埋め込まれている規則性やパターンの存在を知ることが、私たちのあたらしい発見や気づきを誘発することに結びつく。

⑦時間を読みとる

　フィールドワークには、軽やかなフットワークばかりでなく、ゆたかな想像力も必要である。何をどのように観察・記録するか、調査対象との距離をどのように保つかなど、フィールドでのふるまいがある程度身についてきたら（少なくとも、調査者であることを自分で意識するようになって

きたら)、想像力を刺激するトレーニングをはじめよう。まずは、観察可能な〈モノ・コト〉から、人びとの行動や時間の流れを読みとる練習をする。

試してみよう

　フィールドに出かけて、つぎのような観点から、一枚の写真を撮る。撮影した日時、場所についての情報も併せて記録しておく。
・誰かがいた・何かが起きた（余韻・痕跡）
・誰かが来る・何かが起こる（予兆・前触れ）

　ときには誤解や邪推を恐れずに、さまざまな〈モノ・コト〉に埋め込まれている時間の変化に思いをめぐらせてみる。自分の想像（＝つまり、何らかの仮説）について、「もっともらしい」と思えるのはなぜか。どのような知識や経験がその前提となっているのか。その仮説が正しいことを確か

めるためにはどうすればよいのか。できるかぎり、具体的に考えてみよう。

　当然のことながら、写真に写っている〈モノ・コト〉は、フィールドワークという体験のすべてではない。私たちがフィールドワークで撮る写真は、ある時、ある場所を、矩形に切り取っているのだ。だが、興味ぶかいのは、写っている〈モノ・コト〉から、写っていない〈モノ・コト〉を想起する能力を、私たちが持ち合わせているという点である。まずは、時間の流れを考えることから練習をはじめてみよう。もちろん、個人の想像力やセンスによって程度の差はあるものの、ある一枚の写真を眺めながら、その前後の様子を思い浮かべることができる。写真には写り込んでいないからこそ、かき立てられるイメージも確実にあるはずだ。そして、冒険を恐れずに、一枚の写真からさまざまな出来事を想像するのは、愉しいことでもある。

⑧同時に撮る

　近年、マーケティングの領域を中心に、「モバイルリサーチ」が注目されている。たとえば、すでに紹介したチクセントミハイによる「経験サンプリング」の手法は、「モバイルリサーチ」の先駆的な試みとして位置づけることができる。被験者や調査者の時間的、心理的な負担を軽減し、さらに、人びとの日常生活へのアクセスを容易にする方法として、さまざまな可能性があるはずだ。ケータイの特質を活かして、（何人かで）同時に写真を撮ってみよう。

　カメラ付きケータイを活用することで、調査者の眼をいくつも偏在させることが可能となり、ほぼおなじタイミングで何枚もの写真を撮ることができる。一人ひとりの日常生活の流れが、ときには誰かの時間・場所と交

> **試してみよう**
>
> この練習は、一人ではなく、数名でおこなうことを想定している。
> ・あらかじめ調査者のメールアドレスを登録しておき、定時（たとえば時報とともに、朝・昼・晩の三時点など）、あるいはランダムに撮影の合図を送信する。
> ・合図が届いたら、写真を撮る。
> ・送信先を事前に設定しておけば、ほぼ同じタイミングで撮影された写真を、あとで一覧しやすくなる。

錯し、あるいはまったく交わることもなく軌跡をつくる。

　カメラ付きケータイを活用することで、フィールドワークのあり方が変容する可能性がある。同時に撮るという試み自体は、それほどあたらしいものではない。しかしながら、ケータイの通信機能を活用すれば、ほぼ同じタイミングでシャッターを押すことが容易に実現する。

　この練習のように、誰かの指示によって同時に写真を撮るのではなく、複数のフィールドワーカーが、ばらばらにまちに散りながら、一人ひとりが自主的に動いているような状況でも、興味ぶかい調査が可能になる。ケータイによって、調査者どうしが気軽にやりとりできるので、お互いの進捗状況などを確かめ合いながら、みんなで協力しながら調査をすることができるはずだ。いわゆる「ローラー作戦」のように、ある地域をくまなく踏査するような場合にも、ケータイがあれば、仲間と協調的な関係を結びながらフィールドワークをすすめることができる。さらに、GPS機能が

同時に撮る（葛飾区柴又，2004年11月3日正午ごろ）
　　　──柴又に散らばっている学生たちに向けて、同時にメッセージを送り、カメラ付きケータイで目の前の光景を写してもらった。

うまく活用できるようになれば、現場にいる、他の調査者の位置を把握しながら、その場でフィールドワークの方針などを変えることも可能になるだろう。

　ますます多機能化がすすみ、ケータイは、さまざまなセンサーの集合体として理解することができる。つまりそれは、ケータイが、データ獲得のための入力装置としての役割を、いまにも増して担っていくということである。

　こうした機能を活かしたフィールドワークは、現時点では未開拓な領域であるが、「キャンプ」という活動のなかで、さまざまな可能性を見いだすことができるはずだ。

⑨影を見る

　私たちが、まちを歩いていて目にする風景は、鮮やかで色彩に満ちている。日常生活と色彩との関係は、暮らしや文化を考える上でも重要なので、フィールドワークにあたって、たとえば、色彩に注目しながら〈モノ・コト〉を「集める」（③）方法もあるだろう。

　だが、彩りに目を奪われると、陰影や輪郭を見逃してしまうことがある。そこで、モノクロ写真を撮ることで、〈モノ・コト〉がどのように見えるかを実験してみよう。

　ケータイの画面では確認しづらいかもしれないが、色数をカラーからモノクロ変更したことによって、何か気づくことはあるだろうか。モノクロ写真にすることで、あらたに「見えてくること」、逆に「見えなくなること」は何か、見比べながら、考えてみよう。

> **試してみよう**
>
> 　フィールドに出かけて、二枚の写真を撮る。この練習は、カメラ付きケータイなどで、撮影後に写真のカラー特性を切り替える機能があることを前提としている。
> ・カラフルな〈モノ・コト〉の写真を撮る。
> ・形状に特色のある〈モノ・コト〉の写真を撮る。
> ・撮影した写真を、それぞれモノクロ写真（グレースケール）に変換してみる。

　デジタルカメラであることの特性を活かすと、〈モノ・コト〉の見え方について、さまざまな実験ができる。さほど手間をかけずに、くり返したり、やり直したりできるのも利点だ。この練習は、その代表的なものとして、色数を変化させることで、〈モノ・コト〉の形状や輪郭について考えるものである。カメラ付きケータイには、他にもいくつかの画像加工の機能が備わっている場合が多いはずだ。

　たとえば、明るさを変化させることで、写された〈モノ・コト〉の理解は変化するだろうか。あるいは、写真の縦横比を変更するだけで、ことなった印象をもつことはないだろうか。とくに画像の修正や加工という目的がなくても、現場で撮影された写真を、多様なフィルターを介して見ることで、創造性が刺激されることがある。もちろん、フィールド調査という観点からは、オリジナルのデータを改ざん、改変することはあってはならないのだが、フィルターは、写りこんだ〈モノ・コト〉の、ある側面を際

立たせてくれる。同時に、他の側面は、言わば「影」となって、見えなくなる。こうした誇張や単純化が、時には発見や気づきのために有用な方法になるだろう。

　ケータイに搭載されたフィルターを使う以前に、私たちは、現場のある側面を際立たせて理解していることを、再度、確認しておくことも重要だ。すでに触れたとおり、私たちが現場に出かけて、カメラのファインダーをのぞき、シャッターを押して、現場を矩形に切り取るという一連の流れが、すでにみずからの考え方やものの見方を反映しているのである。また、どこに注視するかは、おのずと自分の問題意識に依存して決まってくる。

⑩吹き出しをつける

　〈モノ・コト〉は、つねにメッセージを発している。厳密に言えば、私たちがメッセージを感じ、〈モノ・コト〉のありように意味をあたえるということである。たとえば、目にする光景から、人びとのふるまいを思い浮かべながら、「時間を読み取る」（⑦）こともできるだろう。それは、私たちが、ゆたかな想像力をもっていることの証だとも言える。そこで、解釈や意味づけの多様性について、あらためて考えてみる。

　フィールドワークにおいて、調査者は、何らかの意図をもって写真を撮っているはずである。だが同時に、「読者」もまた、それぞれの立場から写真を「読んでいる」ことを確認しておくことが重要である。

試してみよう

　フィールドに出かけて、二枚ほど写真を撮る。
・まず、自分が関心をいだいた〈モノ・コト〉を撮影する。
・それぞれの写真の気になる部分に、吹き出しをつける。
・吹き出しに、文字（場合によっては記号や符号）を記入する。
・可能であれば、友人や同僚と一緒にすすめ、お互いが撮影した写真にも吹き出しをつけて、写真に語らせてみる。

すでに述べたとおり、私たちは、一枚の写真のなかに、さまざまな「物語」を読むことができる。また、〈モノ・コト〉に言葉をあたえることで、「世界」をつくることも可能だ。この練習では、〈モノ・コト〉が、あたかも言葉を発するかのように想像力をはたらかせてみる。その過程で、私たちの生活を成り立たせている〈モノ・コト〉が密接に関わり合っていることに、あらためて気づくだろう。

　人と人とのコミュニケーションについて語る際、相手の立場になって考えることの重要性が指摘される。当然のことながら、ある状況は、立場によってことなって理解され、その結果として、問題への反応や対処のしかたも変わってくる。多様なものの見方、考え方があるという点は、「頭」でわかっていても、なかなか「身体」で理解することは難しい。少しでも、その理解をうながす意味で、この練習をつうじて〈モノ・コト〉に身を置くという体験をするのである。もちろん、動かぬモノが言葉を発することはありえないが、あえて、〈モノ〉となって何かを語ることで、私たち自身が、じつはモノにとっての環境であることを再認識することができる。

　さらに、この練習は、一人ではなく、複数の人で一緒に取り組むと、〈モノ・コト〉に言葉をあたえるという試み自体が、じつに多様であることをあらためて実感する。カメラで写されたおなじ〈モノ〉でありながら、吹き出しには、さまざまな「セリフ」が書き込まれる。写真には写ることのない、言葉をあたえた人の、日頃の関心領域や過去の経験なども、発せられた「セリフ」に反映されていると考えるならば、その人自身を理解することにもつながるだろう。

2　おなじだけど、ちがう毎日

◆生活のなかでフィールドワークを習慣づける

　前節で紹介した①〜⑩の練習は、カメラ付ケータイさえあれば、ふだんの生活のなかで、実践できるはずだ。自分なりに予定を立てて、一つひとつ練習してもいいし、いくつかの課題を組み合わせてみたり、場所を変えたりしながら、試してみることもできる。通勤、通学途中はもちろん、プライベートな時間においても、上述のような観点から身の回りのことや、まち並みを眺めてみると、知らず知らずのあいだにあたりまえとなった〈モノ・コト〉に気づくことができる。言うまでもなく、あまり難しいことは考えずに、何気なく撮る写真も大切である。ごく自然な表情やふるまいが、記録されるからである。しかしながら、ファインダーを覗くとき、シャッターを押すときに、ふと相手との距離感や、自分の「立ち位置」に意識を向けることは、まさに、自分が直接現場に関わっていることを実感する機会になる。

　現場でふと考える、という感覚を身につけるために重要なのは、できるかぎり、日常的に記録を収集、蓄積するということである。考えすぎると、その場でシャッターを押すことができなくなる。いわば条件反射のように、現場で即興的にふるまえるようになるためには、ある程度の慣れが必要である。ここに紹介した①〜⑩の練習が、フィールドワークに必要なすべてを網羅しているわけではないので、自分なりにそのレパートリーを増やすことも考えるといいだろう。すでに述べたとおり、いまや「調査者」と呼ばれる、特権的な立場を与えられた人だけが、調査をおこなうという考えでは、複雑で変化の激しい日常生活を理解することは難しい。私

たち生活者が、ふだんの暮らしのなかで、さまざまな課題に直面し、その課題に取り組む過程で、自分の考えを確かめたり正当化したりするのは、まさに、広い意味での調査として理解することができる。もはや、「調査」という言葉を使わずとも、一人ひとりが、さほど気負うことなく、自分の暮らしや社会について観察や記録をすすめれば、その集積は、価値あるデータとして活用されるだろう。

　いま、現場で、ごく自然にフィールドワーク的な思考をもつためには、ある程度は、くり返し練習することが大事だと述べた。そのくり返しは、面倒な課題だと長続きしにくい。気負わずに続けていくためには、まずは単純明快な課題であることが望ましい。もちろん、ある程度の愉しさも、求められるだろう。カメラ付ケータイなどの機器を、積極的に活用することは、大がかりな準備を必要としない、日常生活にとけ込む調査を実現するための工夫だと言える。また、日々の積み重ねの成果が、何らかの形で評価され、報われるような場合に、私たちは自発的、継続的に観察や記録をすすめるはずだ。たとえば、調査への協力に対する報酬が、わかりやすい形（つまりは金額）で提示されることもある。だがそれは、自らの活動への対価を、個人的に回収しているにすぎない。

　たとえば、まちの様子をみんなで写し、それを続けることで、まちや地域コミュニティに、何らかの変化がもたらされるようになれば、より拡がりをもち、長期的にも続けられることになるだろう。「一日一善」ならぬ「一日一枚」ともいうべきふるまいのように、ちいさなフィールドワークを毎日の暮らしのなかで習慣づけることができれば、より多くの「生活記録」が収集、蓄積されてゆく。実現にはさまざまな課題があり、いささか楽観的な発想かもしれないが、日々のちいさな積み重ねが、やがては大き

な成果を生み、あたらしい「つながり」をもたらすことをひとたび経験すれば、着実に根づいていくはずだ。すでに、趣味の領域では、その兆しを感じることができる。

　また、「写真俳句」というジャンルも生まれ、すでに数多くの人に嗜まれている。これは、文字どおり、ケータイのカメラなどで撮った写真に、五七五を添えて「写真俳句」を詠むというものだ。まさに、自分の見た風景を切り取り、言葉をあたえることで、ひとつの「世界」を構築するのである。この「写真俳句」が、多くの人に受け入れられ、拡がりを見せたのは、気軽に投句（投稿）できる仕組みや、相互に作品を参照し、評価するためのゆるやかなルールがつくられているからである。大げさな準備は必要ないし、はじめるのに、さほど心理的な抵抗も感じない。参加への障壁が低いこと、仲間がいること、そして何らかの評価が得られること。私たちの、生活のなかのフィールドワークも、このような条件を整えれば、より拡がりをもち、継続的にすすめられることになるだろう。

◆発見しない、という発見
　暮らしのなかのフィールドワークは、あたりまえとなった毎日の生活を、一歩引いた立場から見直す機会をつくる。それを習慣づければ、私たちは、人びとの微細なふるまいにも気づくようになり、自分をとりまく環境への関心は、結局のところ、自分自身に対する感受性をも高めることになるだろう。フィールドワークの愉しみの多くは、こうした変化へのまなざしによって、もたらされているのかもしれない。たとえわずかであっても、何らかの変化（あるいは相違）を発見することは、素朴な喜びも、また達成感も、もたらすからである。

それに対して、変化がないことは、いささか退屈である。何らかの変化をとらえることができないと、フィールドワークは「不発」に終わったと感じてしまい、フィールドワークという方法自体への関心が薄らぐこともありうる。確かに変化がないことは、フィールドワークを退屈なものにするかもしれないが、変化のなさに気づくことは、とても大切な発見である。複雑な日常生活のなかで、ある特定の状態が保たれたり、おなじ営みがくり返されたりするという事実は、まさに変化のなさへのまなざしによって、発見されるのである。私たちは、変化や相違を、発見するべき対象であるかのように考えてしまいがちだが、変化しないこと、違わないことも、生活のなかでフィールドワークを習慣づけることによって、発見されるのである。それは、一人ひとりの生活者が、日々のリズムへの適応力を持ち合わせていることへの気づきでもある。

5 「つながりかた」を考える

1 「場所」のデザインに向けて

◆「移動大学」の試みに学ぶ

　「キャンプ」は、あたりまえすぎて見えなくなりがちな日常生活を、あたらしい観点から理解し直すための学習環境である。あえて、いつもとはちがう時間と空間を整備し、ときには欠乏感や居心地の悪さを感じながらも、自分で見た〈モノ・コト〉に言葉をあたえ、「世界」を考える試みである。前章で述べたように、たとえば、人との距離を縮めたり、くり返し観察したり、多面的に〈モノ・コト〉を眺めたり、ちょっとした日々の実践を意識すれば、さほど変化がないと思っている毎日が、ちがって見えてくる。あまり気負うことなく、フィールドワーカーとしてのふるまいを習慣づけることで、出かけた先々で、「キャンプ」をはじめることができる。

　フィールドワークを中心的なアプローチに据えてまちや地域に向き合うと、必要以上に拠点に執着することもなくなる。むしろ、〈その時・その場〉での出来事にこそ、意味を感じるようになってくるはずだ。旅すること、移動すること自体も、私たちの学びに重要な役割を果たすことに気づくからである。そして、後述するように、「よそ者」としての領分、つまりは、フィールドワーカーとしての可能性と限界を理解するのにも役立

つ。こうした身軽さとたくましさこそが、「キャンプ」の精神を支えていると言ってもいいだろう。

　じつは、私たちの活動を「キャンプ」という概念で整理しはじめるまで不勉強だったのだが、40年ほど前に、すでに「移動大学」という試みがあった。「KJ法」で知られる川喜多二郎が、移動大学の旗揚げをしたのは、1969年のことである。この試みの直接のきっかけは、大学紛争だったという。大学が荒れていくなかで、「人間性の崩壊」や「組織の硬直化」といった問題を、理屈ではなく、実際に目のあたりにし、その直接的な体験が、移動大学というあたらしい実践へと駆り立てた。全体として総合的にとらえるべき問題は分断され、細片となった問題を一つひとつ解決していくような「専門家」の育成は、本当に「問題解決」に寄与しうるのか。「人間理解に立った、人間のための学問」の追求を目指し、実践と研究との強固な連関に取り組む姿勢を貫くための場が、移動大学として構想されたのである。

　移動大学は、1969年、長野県黒姫高原でのスタートを機に断続的に開講され、1999年の第18回まで続けられている。最初は、スローガンを記した幟（のぼり）とともに、文字どおり、旗揚げし、テントまで特注して、二週間におよぶ野外生活を送った。あたえられた課題に即して、アイデアを出し、夜を徹してKJ法のセッションがおこなわれたという。私たちは、KJ法というと、簡便なアイデア整理術のように理解しがちである。慣れてくると、さほど時間もかけずに情報カード（あるいは付箋紙）の束をつくり、それで「発想した」と思ってしまう。議論にじゅうぶんな時間をかけず、なんとなく、必要な手続きのように済ませてはいないだろうか。移動大学のドキュメントを読むと、私たちがいかにカジュアルに、表面的にKJ法を実践

しているかということに、あらためて気づく。

　移動大学という、修業ともいうべき状況のなかで、学生たちは、断片的な情報の「まとまり」について、白熱した議論をおこなう。寝食をともにしているので、逃げ出すわけにはいかない。妥協や手抜きも許されないような環境で、情報の書き込まれたカードを見つめる。とくに「一匹狼」と呼ばれる孤立した情報（データ）については、安易に「その他」や「分類不能」とせずに、じっくりと向き合う。それは、移動大学という、特別な時間と空間でこそ可能になるのである。移動大学の詳細については、その理念や、一連の活動の実際を綴った書籍が何冊か刊行されているので、そちらを参照していただきたい。何よりも、実践の記録として、参加者や運営者自身の声に触れることが、移動大学の鮮明なイメージを得るのに適していると思われるからである。

　ところで、私たちの標榜する「キャンプ」は、移動大学の実践から何を学ぶのか。『移動大学』（川喜田二郎，1971）のサブタイトルにあるように、「日本列島を教科書として」位置づけた一連の試みから学ぶことは少なくない。私たちの「キャンプ」は、規模や運営の実際はずいぶんことなるが、基本的な考え方は、移動大学の理念と大いに共鳴するものである。「キャンプ」においては、時間と空間に制約をあたえて、ある種の極限状態を意図的にデザインし、そのなかで、まちや地域、コミュニケーション、ひいては自分自身のことを熟考し、何らかの成果をまとめることが求められる。私たちの試みでは、積極的に「キャンパス」の外へと出かけるものの、わずか一泊二日程度の「キャンプ」であるから、二週間にもおよぶ移動大学にくらべれば、はるかに軟弱な実践かもしれない。また、「キャンプ」においては、現地調達という考え方も重視される。いまや、まち

のあちこちにあるコンビニなどを利用したり、あるいは、ケータイの情報ネットワークを活用したり、当時にくらべれば、はるかに便利な環境を前提としている。だが、具体的な実現の方法はちがっていても、「キャンプ」の実践は、移動大学の〈人間性の復権を目指した「場」づくり〉という課題（私たちは、40年経ってもいまなおこの課題に取り組んでいるのだが）に向き合う姿勢を、継承したいと思うのである。

　後述するように、とくにこの10年で「キャンパス」はずいぶん様変わりし、それに伴って考えるべき問題はいくつもある。ここで重要なのは、「キャンプ」は、「キャンパス」を否定するものではないという点だ。「キャンパス」とは大きく性質のことなる「場所」を設計することによって、あらためて「キャンパス」について考えることも重要な課題として位置づけたい。つまり、「キャンパスからキャンプへ」と呼びかけるとともに、再度、「キャンプからキャンパスへ」という方向性を意識することによって、私たちの学ぶ機会を、さらには創造力を育むきっかけをつくろうという試みなのである。もちろん、これは学生にかぎったことではない。社会人も、「オフィスからキャンプへ」そして「キャンプからオフィスへ」という意識を持つことで、あたりまえとなった時間と空間を見直し、ビジネスパーソンに求められる創造力を身につけるきっかけづくりに役立てることができるだろう。

◆道具づくり・組織づくり

　本書の冒頭で触れたように、私たちの創造力への欲求は尽きない。そして、その欲求を満たすために、私たちは手軽で便利な技法や道具を求めがちである。技法や道具を獲得すれば、さまざまな現場で活用できるからで

ある。いっぽう、フィールドワークの実践をつうじて考えたこと、学んだことは、現場に消えゆくことが少なくない。もちろん、身体的にさまざまな知識は獲得されているのだが、それを何らかのかたちで「形式化」することが求められていることも確かだ。身体的な知識を道具として形にしておけば、人と共有したり、さらに広く公開、流通させたりすることも可能になるからだ。前章で紹介したいくつかの練習も、フィールドワークに必要なポイントを整理し、毎日の生活のなかで、気軽に試しながら学ぶきっかけづくりを目指すものである。カメラ付きケータイを使った一連の練習課題は、ハガキサイズのカードに具体例（サンプルの写真）とともにレイアウトし、カードの束として持ち歩けるようなキットを試作している。

　忘れてはならないのは、道具づくりをすすめる際には、それが使われる文脈を構想しながら設計することが、きわめて重要だという点である。道具は、ひとたび完成して流通可能な形になると、さまざまな場面で活用されることになる。そのためには、ある程度一般的・汎用的な利用を想定して、道具をデザインしなければならないが、それでも、その道具にふさわしい使われ方はあるはずだ。つまり、利用者の道具を扱う能力（リテラシー）の問題もふくめ、道具の価値が十分に引き出される方法や仕組みまでを考慮して、道具を理解することが望ましい。言うまでもなく、私たちの関心は、思考を助ける道具の設計だけではなく、創造力を高める「場所」をどのようにつくることができるかという点にある。「キャンプ」は、道具だけでは成り立たないのだ。「場所」づくりや学習環境のデザインという観点からは、適切な道具をえらぶとともに、それが使われる文脈を整備することが求められる。

　たとえば前節で紹介した移動大学の試みにおいては、発想を支援するた

めのKJ法という道具とともに、グループワークの仕組みも構想されていた。移動大学では、6人でひとつのチームが構成され、6つのチームの集まり（36人）が、ひとつのユニットと呼ばれた。さらに、3つのユニット（つまり、108人）が束ねられることによって、「キャンパス」というまとまりを構成する仕組みになっていた。つまり、学生たちは、6人という少人数のグループ内での共同作業に関与しながらも、ユニット同士の関係を意識し、さらには全体としての移動大学という「キャンパス」を考えることになる。このような、多重的なグループワークの方法があってこそ、KJ法という道具が活かされたのであろう。私たちは、KJ法を活用する際、もっぱら道具としての側面に注目しがちであるが、じつは、組織づくりにもっと注意を払うことで、より望ましい発想が可能になるはずだ。

道具づくりと組織づくりは相互構成的な関係にあり、適切な道具が、しかるべき組織において活用されるとき、創造力が発揮される。私たちの「キャンプ」においても、こうした道具と組織との関わりについて、実践をつうじて考えてきた。

たとえば、2008年の秋に実施した、豊橋市（愛知県）でのフィールドワークを事例として紹介しよう。私たちは、フィールドワークの成果を地域に還すことを重視し、そのためのひとつのやり方として、電車の中吊り広告の形式で調査の成果をまとめ、公開する実践を試みている。報告書やレポートの類いは、成果をまとめる方法として一般的ではあるものの、じつは、実際にまちや地域コミュニティに暮らす人びとに成果を届けるのに、最適な媒体だとはかぎらない。「報告書」という呼称そのものが、すでに、読者を遠ざけてしまっている可能性さえある。

こうした考えにもとづいて、市電や路面電車の沿線での調査結果を、電

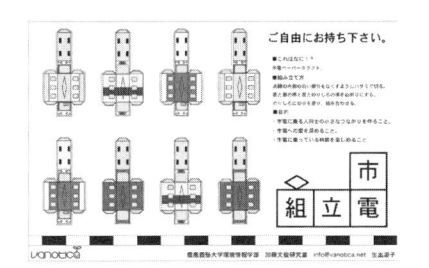

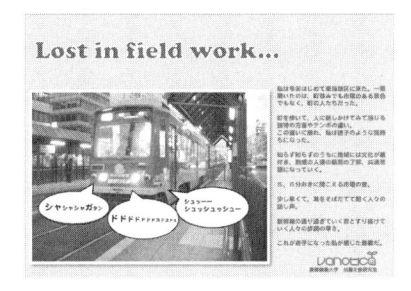

〈図5-1　市電を「ギャラリー」にする〉
　　　──2008年11月に豊橋市（愛知県）で実施したフィールドワークでは、学生たちの
　　　まち歩きの報告を、中吊り広告のフォーマットでまとめ、実施に市電の車内に
　　　掲出した。フィールドワークの概要等は、下記のサイトにまとめてある。
　　　http://vanotica.net/toyop1/

車の車両内で報告することを思いついた。電車の沿線で、フィールドワーカーたちが感じたこと、気づいたことは、電車に揺られながら見てもらおうというわけだ。江ノ電（神奈川県）や函館市電（北海道）で中吊り広告の形に調査結果をまとめ、豊橋（愛知県）は三度目の試みであった。過去の試みでは、フィールドワークののち、数か月ほどかけて、中吊り広告のデザインをすすめた。時間に余裕があると、フィールドワークをふり返りながら作成できるので、現場での体験が再構成され、ある程度熟成されたアイデアが、形になる。つまり、フィールドワークという学習プロセスを、比較的ゆるやかに意識しながらすすめることができる。しかしながら、自分たちの作成した中吊り広告を載せて走る電車を見るためには、もう一度出かけなければならなかった。ぶらりと出かけることのできる距離ならともかく、学生たちとともに、再度まちを訪れるのは、かならずしも簡単なことではない。

そこで、「豊橋にいるあいだに仕上げる」というやり方ですすめてみることにした。学生たちは、フィールドワークを終えたら、息つく暇もなく中吊り広告の作成にとりかかり、翌日の午後2時を期限に、完成を目指した。この試みは、また出かける必要がない、という利便だけではなく、あたえられた時間のなかで、自らの活動を組み立てるという課題に向き合うことが重要な意味を持つ。素材を集める、アイデアを整理する、デザインするという一連の流れを、自分で設計することになるからである。一人ひとりが、自らの能力とコンディションをふまえた、構想力と実行力を問われることになる。

二日目は、朝から作業が再開され、プリンターが忙しく動きはじめて、中吊り広告が順番に印刷されていった。一人ひとりがPCを持っていて

〈図5-2　成果をまちに還す〉
——「キャンプ」では、できるかぎり、その場でフィールドワークの成果を形にして、その場で発表・公開を試みる。そのための適切な課題の設計、機材の準備（現地調達の可能性）、発表の場の確保なども考えなくてはならない。
（写真上：改装中の商家を借りて、ビデオの上映会。千葉県佐倉市・2008年）
（写真下：動く電車のなかでのプレゼンテーション。愛知県豊橋市・2008年）

も、プリンターは一台だけなので、予想していたとおり、印刷待ちの列がボトルネックになった。そして、よくある話だが、途中でコンピューターがフリーズしたり、用紙サイズの設定などでなかなか思うようにプリンターが動かなかったりするなか、少しずつ期限が近づいた。それでも、ほぼ予定していた時刻に、無事に全員の中吊り広告が出力された。

　このフィールドワークでは、「その場でつくって、その場で還す」という側面を際立たせることができた。まちを歩くことからはじまり、編集から印刷まで、一人ひとりが責任をもってすすめたという意味では、個人作業が中心だったと理解することができる。しかしながら、たとえば、20人ほどの参加者に対して一台しかないプリンターをめぐっては、他の参加者との調整も必要になる。何よりも、期限までに、全員が印刷を終えていなければならない。そうした状況においては、個人で作業をすすめながらも、全体の進捗に目を配る能力も問われることになる。つまり、フィールドワーク全体のことを考えると、他の参加者との微細な調整作業を要求されるグループワークという側面も重要であった。

　言うまでもなく、グループワークは、たんなる「分業」ではない。能力の高い、自律的な個人が集まり、有機的に結びついたときにこそ、グループとしての価値も高まるのである。個人作業に没頭すると、他人のことや全体の流れに気持ちが回らなくなる。逆に、まわりを意識しすぎると、自分のやるべきことがおぼつかない。自分の「見え」と他人の「見え」、さらには全体の「見え」を、相互に関連づけながら、課題に取り組むことが重要だ。また、道具や組織に必要以上に頼ってしまうと、自分たちのあたらしい可能性に触れることなく、フィールドワークが終わってしまう。フィールドワークにおけるデザイン課題やコミュニケーションのあり方を多

重的に設計しておくことで、道具づくりと組織づくりのプロセスが相互に影響をあたえ合いながら、創造的な「場所」が生まれることに気づく。

◆これからのサバイバル精神

　「キャンプ」が想定しているのは、多機能化するケータイや、携帯型の音楽プレイヤーをはじめとするモバイルメディアの利用を前提とした、即興的な学習環境である。必要なモノは、できるだけ出かけた先々で調達しながら、まちのなかに一時的に「教室」をつくり、学んだ成果はわかりやすい形で、まちに還すことを試みる。その過程においては、見知らぬ人とのコミュニケーションは必須であるし、どのような関わり方をすればよいかについて、自分たちの経験や知恵を動員して考えることになる。「キャンプ」による学びは、否応なしに、私たちの「つながりかた」の問題を際立たせる。

　私たちは、「つながりかた」を考えながら、ことなるコミュニケーションの機会を、どのようにやりくりするか、という問題に直面する。当然のことながら、高齢化社会、そして、安心、安全で語られる社会において、情報ネットワークやメディア機器の果たす役割は無視することができない。ボタンや液晶画面の大きなケータイを開発すること、まちに監視カメラ網を整備すること、あるいはGPS付きのランドセルをデザインすること、いずれも重要なミッションを負っている。もちろん、緊急時のコミュニケーションにはスピードが要求されるが、お年寄りとの日常的なコミュニケーションは、ハガキや手紙で簡単に実現できるかもしれない。あるいは、GPSのマニュアルを読むのに苦労するよりは、高校生のボランティアを募って子どもたちの通学を見守るほうが、地域にとっては意味がある

のかもしれない。これは、まさに道具と組織（あるいは運用の仕組み）との関係性の問題である。あたらしいメディアによる可能性を、誰が、どのように設えるかによって、私たちの人間関係はもとより、まちや地域との関わり方も変わってくる。

　ここ数年すすめてきたフィールドワークをつうじて、電子メールよりもハガキや手紙のやりとりのほうがスムースに行く場合もある、ということをあらためて実感した。あるいは、調査で額に汗してまちを歩くことで、人びとの生活の豊かさや複雑さを再認識することもある。定型のフォームに記入された項目だけで理解できるほど、人びとのプロフィールは単純なものではない。私たちは、この10年で、もう一度、手触り感のあるコミュニケーションを感じる必要があることに気づきはじめたのである。ただ、いまや、物流やさまざまなサービスも、情報技術なしで語ることはできなくなっているので、たんに従来の方法に戻ることはできない。この10年の変化を前提としたあたらしい手触り感が求められているのだ。後述するが、こうした気づきは、近年、さまざまな商品やサービスの開発、デザインのための方法として、フィールドワークやエスノグラフィー（民族誌）の手法が注目されていることと無関係ではないはずだ。

　手触り感のあるコミュニケーションの実現は、たんに昔ながらのスタイルを復元させることではない。実際、私たちが調査先でお世話になった人とやりとりするハガキは、手書きの場合もあるが、デジカメで撮った写真をネットワークでやりとりし、PCで編集、加工して作成されている。学生たちと一緒にフィールドワークに出かけ、まちに散らばるときにはケータイは不可欠である。お互いの居場所や状況を確認しながら、調査をすすめることができるからである。つまり、考えるべきは、デジタルメディア

を前提とした、あたらしいコミュニケーションのあり方をデザインすることなのである。ことなるコミュニケーションの「場所」をつないだり、行き来したりする「きっかけ」や「しかた」を見つけること、それは「つながりかた」の問題である。

　すでに述べたように、ここ10年で、インターネットをはじめとするメディア環境へのアクセスは容易になった。ふり返ってみると、インターネットは、よりオープンで、フラットな社会関係を実現するものとして紹介され、社会への受容、普及がすすんでいった。もちろん、どのような技術も、誰が、何の（誰の）ために使うかによって、その意味合いは変わってくるのだが、多くの人が、「つながること」によってもたらされた変化を実感しているはずだ。誰もが手軽にブログを開設して、ネット上で饒舌に語っている。ケータイのカメラをつかった写真日記も数多くある。集団や組織においては、従来型のコミュニケーションのあり方が変容し、よりフラットな関係性がつくられている。業務の効率性を前提として、創造性や快適性を重視したオフィスづくりが注目を集めている。

　だが、近年の「つながりかた」への関心は、インターネットの開放的なイメージとはいささかことなる方向へとすすみはじめているようだ。これは、度重なるウイルス感染や絶えることのないスパムメール、あるいは個人情報の漏洩やプライバシーの問題など、情報ネットワークをめぐる信頼性や安全性の問題と密接に関連している。ネットワークが可能にする匿名性が、肩書きや年齢、性別にとらわれない自由なコミュニケーションを可能にするいっぽうで、匿名による誹謗、中傷、「叩き」など、トラブルや不快な経験も無視できない問題として認知されるようになった。こうした問題をふまえると、ネットワークの世界に安心、安全を求める動きがあっ

てもおかしくはない。

　そのひとつの例が、ソーシャル・ネットワーキング・サービス（SNS）に組み込まれた仕組みであろう。SNSでは、まずは「友だち」からの紹介がないと、メンバーになることはできない。ひとたび招待されると、「友だち」を招待することができるし、さらに「友だちの友だち」と知り合う可能性もある。だが、その場合も相互にその関係性を認め合って、はじめて「つながり」が成立するのである。また、個人情報をどの程度まで開示するかを、ユーザーがコントロールできるようになっており、安心、安全なネットワーク・コミュニケーションを実現するのである。SNSの本来の面白さは、文字どおり、人と結びつくことにある。だが、「紹介」という考え方にもとづいて構成、維持されていくネットワークは、オープンで自由というよりは、むしろ、閉じた関係性を際立たせるものである。あたらしい「つながりかた」のヒントが、SNSによって顕在化しつつあるのかもしれない。

　集団や組織におけるヒューマン・ネットワークを抽出し分析するというテーマは、さほどあたらしいものではない。たとえば、人と人との紐帯とキャリア形成との関係は、社会学においては、かねてから扱われてきた課題である。興味ぶかいのは、SNSが、こうした関係性をいとも簡単に、そしてダイナミックに可視化するという点である。私自身も、SNSのおかげで音信不通となっていた友人とふたたび連絡が取れるようになったり、「友だち」を介して知り合いができたりと、本来SNSに期待されているようなメリットを実感した経験はある。しかしながら、SNSはひとたび「つながること」を認めると、否応なしに、自分をふくむヒューマン・ネットワークを可視化してしまう。もちろん、クリックひとつで見知らぬ

誰かと「友だち」になることはないが、SNSのメディアとしての特質をよく理解したうえで、利用する必要があるだろう。

インターネットの時代よりもはるか前から、私たちは、さまざまな社会的な役割を、場面に応じて使い分けてきた。そして、すでに述べたとおり、私たちのコミュニケーション機会はさらに重層性を増している。情報技術を前提とした環境では、ことなるネットワークの存在や、自分を取りまく「つながり」が、容赦なく観察可能な状態に変わってしまうことになる。コンピューターを介した「つながりかた」も、フェイス・トゥ・フェイスの「つながりかた」も、私たちがこれから考えるべき重要な課題なのである。「キャンプ」においても、さまざまな道具の活用を工夫しながら、人との関わり方について考えることになる。とくに、ふだんよりも制限された環境での実践が求められるので、即興的にその場にふさわしいと思われる「つながりかた」をデザインすることにも向き合わなくてはならない。

2 「キャンパス」と「キャンプ」

◆よそ者・若者・バカ者の役割

ここ数年、フィールドワークでいくつかのまちを訪れているが、そのなかで、まちづくり、地域づくりには、「よそ者・若者・バカ者（変わり者）」が役に立つ、とよく耳にする。あたりまえになりすぎて、見えなくなってしまいがちな日常生活に気づくためには、どうやら外からの視点が大事だということらしい。確かに、自分にとって見慣れた風景は、良さも悪さも、さほど気にせずに過ごすようになってしまうことがある。もちろ

ん、それがふだんの居心地の良さなのかもしれないが、あたらしい発見や気づきを得にくくなることも事実であろう。くり返しの多い毎日だと、とくに日々のちいさな変化には、鈍感になってしまう。「よそ者」の目線は、そんな時に役に立つということだ。そして、しなやかで大胆な発想は、若さや思い切りのよさによって、もたらされることも少なくない。無知であるからこそ、いろいろと余計なことを考えずに、自由に物事に向き合うことができる。執着心やひたむきな情熱によって、ユニークなアイデアは形になる。「よそ者・若者・バカ者」は、日常生活に刺激を与えうる存在として期待されているのだ。

　「よそ者」の目線は、確かに重要だと思うのだが、まちや地域について考える際には、「専門家」の知恵が要求されることは言うまでもない。たとえば、建築や都市計画を専門とする研究者たちは、あたえられた課題に対して、何らかの解答をもたらす「専門家」として、その役割を担うことになる。まちや地域のあたらしい姿が、模型や設計図として表現されれば、なによりも具体的でわかりやすい。未来を構想し、実現可能な計画づくりにつなげることも容易になるだろう。技術的な制約、法律や制度、さらには先進事例や国際事情など、さまざまな事柄については「専門家」の知識や知恵が必要とされている。

　では、「よそ者・若者・バカ者」は、まちづくり、地域づくりに本当に貢献できるのだろうか。たとえば20名ほどの学生たちとともに、見知らぬ土地を訪れ、半日ほどまちを歩いて、気づいたこと、感じたことを語ることに、どのような意味があるのだろうか。けっきょく、「若者」の不勉強や常識のなさを露呈するだけではないのか。あるいは、もっと素朴に、「よそ者に何がわかるのか？」と問われて、返答に窮することになりはし

ないだろうか。「よそ者」の活動は、まちを変えるのか。人びとの心に、確実に響くものがあるのか。「よそ者」の存在意義を確認する方法については、いつも、明快なこたえがないままである。もし仮に、人びとの意識やものの見方に何らかの影響をあたえたとしても、それをとらえることは容易ではない。「よそ者の視点はおもしろいね……」という素朴な反応はあっても、それが、まちにとって、地域コミュニティにとって、意味や必要があるのかという問いには、どうしてもナイーブなこたえになりがちである。

　私たちは、「よそ者」が、いったいどのような場面で、どのようにまちや地域に貢献しうるのかを、きちんと整理して考えなくてはならない。たんに、「よそ者・若者・バカ者」の代表者のように、好き勝手にまち歩きをするわけにはいかないのだ。「よそ者・若者・バカ者」なりに、自分たちの居場所を確認する必要がある。それは、地域に暮らす人びとのみならず、「専門家」をもふくめて、まちや地域に関わる人びととの関係性をあらためて考え、理解することである。それぞれの立場で器用に棲み分けや役割分担をするということではなく、もしかすると、「地域住民」と「専門家」という図式そのものを見直すことが求められているのかもしれない。まちづくり、地域づくりには時間を要することを考えれば、急かずにすすめることも重要だろう。

　さらに考えてみたいのは、「よそ者・若者・バカ者」は、地域の外にいる人、外から来る人を指すとはかぎらないという点だ。つまり、日々の暮らしのなかで、意識的にみずからを「よそ者・若者・バカ者」の立場に置くことはできないだろうか。じつは、フィールドワークは、そのための方法として役に立つ。すでに述べてきたとおり、フィールドワークは、たん

なるまち歩きではなく、社会や文化を足元から理解する、ひとつの方法だからである。それは、近年、いささか萎え気味の私たちの足を、もう一度鍛え直すきっかけにもなる。

　フィールドワークにおいて大切なのは、「ふだん目にしているにもかかわらず、認識していない世界」に触れることである。そのために、わざわざエキゾチックな遠い国に赴く必要はない。あるいは、時間を遡って、過去を復元することに労力を費やすこともない。もっと、身近なところに、「よそ者・若者・バカ者」の目線を獲得するためのやり方があるからだ。それはたとえば、商店街で人に話しかけてみること、いつもと反対側の通りを歩くこと、同じ場所に定期的に訪れること、写真を撮りながら歩いてみること、ひと駅前で降りてみること、などである。つまり、ふだん見慣れた風景やまち並みを、「よそ者・若者・バカ者」になって、もう一度眺めてみることが重要なのだ。

　私たちは、一連のフィールドワークをつうじて、地域と大学との関わりについて考えてきた。その経験のなかで、自負を持って「よそ者・若者・バカ者」の役目を果たすことが重要だと実感するようになった。結局のところ、まちや地域をつくるのは、そこに暮らす人びとである。「よそ者」が、何らかの気づきをもたらすことができたとしても、おそらく、それは、きっかけづくりに役立つ程度のことでしかないだろう。しかも、偶然の出会いやちょっとしたご縁が、そのきっかけをもたらすことが少なくない。いったい、「よそ者」には何ができるのか。「よそ者」が地域との関わりのなかで、その役割をまっとうするためには、どのようなお膳立てが望ましいのか。「よそ者・若者・バカ者」の立ち位置を、あらためて考てみたい。

◆大学生の居場所

　おそらく大学生は、「よそ者・若者・バカ者」の代表ともいうべき身分である。自分が大学生の頃には考えたことがなかったが、教員という立場になってみると、大学生にはじつに豊かな可能性が開かれていることにあらためて気づく。何よりも、時間という資源を豊富に持ち合わせている。学業はもちろん大切だが、まさに「よそ者・若者・バカ者」としての存在価値を実感するための、時間、つまりチャンスに満ちているのである。

　いっぽう、最近の学生たちは、アルバイトやサークルに忙しいらしい。学生に「忙しいので……」と言われて、違和感を覚えることも少なくない。ときには、手帳が何らかの予定で埋まっていないと不安にすらなる、ある種のプレッシャーを抱いているほどである。くわえて、ボランティアや社会貢献活動への関心も高まっているようだ。学生時代からビジネスを志し、実際に、在学中に起業する事例も報告されるようになった。いつの時代にも、「最近の若者は……」と、大人たちに叱られそうなふるまいは絶えないが、とにかく、それが大学生の特権である。欲張りすぎて、中途半端にならないことに注意しながら、いろいろなことにチャレンジすればよいのだ。

　ところで、学生たちの多彩な関心に触れると、いわゆる課外活動に熱心なことがわかる。教員という立場からは、本分である学業ではなく、課外活動に力を注いでいることには、いささか複雑な気持ちになるが、課外であるからこそ、一連の活動が意味を持つことも確かだ。「学生でありながら、起業する」ことはひとつの価値であるし、「学業と地域活動を両立させる」ことにも意味がある。だが、学生たちが、自発的にエネルギーを注いで取り組みたいと思う活動の多くが、本来の課程ではなく、課外に存在

しているとは考えられはしないだろうか。現行の大学のカリキュラムや講義内容は、大学生の地域活動、起業への想いと、うまく連動していないのかもしれないのだ。

　もちろん、専攻によっては、社会からある程度の距離を保ちながら極める調査・研究もあるだろう。しかしながら、社会と直結した現実的な問題に接近するための試みは、わざわざ課外でおこなう必要はないはずだ。大学生の本分として、つまり課程の一部として、地域や社会に関わる仕組みをもっと創出し、大学がそれを支援していくことはできないのだろうか。近年、地域活動のための奨学金や、若い起業家どうしのネットワークづくりなどを大学が支援する事例が増えてきているが、まだまだ十分とは言えないのが現状である。大学生が、「よそ者・若者・バカ者」の立場でまちに関われば、微力ながらも地域コミュニティにとって有意味な役割を果たすことができるはずだ。

　通常、学生生活の後半は、ゼミでの活動が少なからぬ時間を占めるようになる。扱うテーマは多様だが、構造上、大学のゼミは、定期的にメンバーを更新しながら活動を継続していく小集団だといえる。残念ながら、担当教員だけは毎年ひとつずつ歳をとるが、あとの学生たちはおおむね二十歳前後で、定期的に入れ替わってゆく。つまり、新陳代謝が前提となった集まりなのである。これは、通常の企業などの組織体とくらべると、大きく事情がことなる。あらためて考えてみると、ゼミという集まりは、特殊な性格を帯びているのだ。一般的な組織よりも、構成メンバーがはるかに流動的で、毎年、半数の社員が辞めていき、同じ数だけ新人が入社するようなものだ。

　ようやく「ゼミの文化」ともいうべきものに慣れてきた頃に、学生たち

よそ者　　　　　　顔なじみ　　　　　　仲間

（ゲスト）　　　　（寄留者）　　　　（新参者）

〈図5-3　フィールドワークをつうじて関係性を育む〉
　　　——可能であれば、ゆっくりと時間をかけて、何度も足をはこんで、徐々に地域の人びととの関係性を築いていくことが望ましい。
　　　だが、「よそ者」としての役割があることも忘れてはならない。「よそ者」だからこそ、見えること、感じることがあるはずだ。

は卒業してしまうので、さまざまなノウハウが蓄積されにくい。企業であれば、業務内容や現場を知り、やっと本格的に社員として仕事をはじめようというタイミングである。ちょうど、二年ほどかけて、調査の方法や実践をひととおり体得した人材が、流出してしまうのだ。そのため、「ゼミの文化」を継承していくためには、活動記録などをきちんと残しておくことが、つねに課題になる。もちろん、活動そのものの質を高めていく工夫も必要である。だが同時に、この類なき流動性をもった集まりこそが、大学生の「よそ者・若者・バカ者」としての価値を維持することになる。たとえば、おなじまちや地域をフィールドとして調査をおこなう場合にも、メンバーが入れ替わっているので、つねに新鮮な目線でまちを眺めることができる。先輩の知恵や経験も、さほど役には立たない。むしろ、中途半端な慣れは、歓迎されない集まりなのである。

フィールドワークの教科書では、調査者が、まずは「訪問者」として人びとと接し、やがては「寄留者」、「新参者」として、関係性を育みながら、対象となるまちや地域コミュニティに居場所を獲得していく流れが説明されている。こうした関係性の変化については、佐藤郁哉が『フィールドワーク』のなかで論じている（とくに「異人（ストレンジャー）」の項を参照）。人びとの暮らしに接近するためには、ある程度の時間が必要で、お互いのやりとりを重ねることによって、より深い理解が可能になるのだ。大学生による調査は、どうしても時間的な制約があるため、どれほど足しげく現場に赴いても、「訪問者」としての観察や記述に留まることが多い。「よそ者・若者・バカ者」が大学生の領分なのであるから、「訪問者」として、「訪問者」としてのみ、まちに関わることができるという点を自覚しなければならない。「よそ者に何がわかる？」との問いには、「よそ者だから、わかりません」と、こたえればよいのだ。開き直るわけではないが、大学生の居場所を謙虚に、正しく受け止めることが肝要だ。

◆あたらしい「教室」をつくる

　ここ10年間、情報化をキーワードに、大学における学習環境、ひいては「キャンパス」そのもののあり方も大きく変化してきた。コンピューターの基本操作を学ぶ科目がカリキュラムの一部に位置づけられ、そのためのコンピューター室も整備がすすめられた。コンピューターは、空調の行き届いた、特別な設えの教室に整然と並んでいる。コンピューターを専門としない、いわゆる文系の学生も、ワープロや表計算、プレゼンテーション程度は、コンピューターを使ってできるように科目が編成されている。そして、メールをはじめとする電子的なコミュニケーションが、大学という

〈図5-4　まちを「教室」にする〉
　――まちを「教室」として活用することは、それほど難しいことではない。適切な道具をえらべば、学習環境が整う。道具がなくても、まちのなかには「教室」として機能する空間がたくさんある。
　（写真上：テーブルを持ち出して、砂浜でグループワークをおこなう。）
　（写真下：公共スペースを、一時的に「階段教室」に見立ててみる。）

環境においても欠かせなくなった。グループ学習を支援するメディアとして、メーリングリストやウェブが活用されるようになり、進行中のプロジェクトの経過報告、成果の公開、資料等の蓄積や共有ばかりでなく、メンバーどうしの状況を相互に参照しながら、コミュニケーションを促進する役割を果たしている。

　一連の情報化は、講義のあり方をも変容させた。多くの教室には、プロジェクターとスクリーンが備え付けられており、教員はノートPCを片手に教室にやってくる。スライドを使って講義をすすめるので、板書はあまりしなくなる。画像や動画、音声など、さまざまな媒体を活用した講義が編成される。講義の前後に電子的な教材や資料を公開することが奨励され、大学や教員が準備したウェブサイトから、直接資料をダウンロードすることさえできる。かつては、試験前になると、友だちを頼りにノートのコピーを集めたりしたものだが、いまでは、その必要もかなり薄らいでいるように見える。くわえて、大学生の簡単な調べ物なら、検索サイトがあれば事足りるようになった。

　教卓から見る教室の風景も、ずいぶん変わった。学生たちも、ノートPCを教室に持ち込むようになったので、学生たちの顔は、コンピューター越しに見える。講義を聞きながら、ノートを取っているように見えるのだが、じつはメールを書いていたり、SNSのサイトを徘徊していたりする。多くの教室は、教員と学生が対面するように設計されているので、教室を歩き回らないかぎり、学生たちがコンピューターに向かって何をしているのかを確かめる術もない。学生たちは、「教室」に足をはこんでも、実際には、ノートPCを介して退室しているようなものだ。

　これまでは、大学のコンピューター室を利用することが、「キャンパ

ス」へ足をはこぶ、ひとつの理由になりえた。大学に行けば、高機能のコンピューターに触れることができる。「タダで」インターネットを利用できる設備が、学生たちを惹きつけたことは事実であろう。もちろん、コンピューターがすべてではないが、「キャンパス」へ出かけてこそアクセスできるネットワーク環境をつうじて、学生であることの利便を実感できた。しかしながら、いまや、パーソナルコンピューターは高機能化しつつも安くて身近なものになって、家庭に入り込んでいる。「キャンパス」に行かなくても、自宅で同じような環境に触れることができる。しかも、学習に必要な資料などは、画面を介して閲覧できるのである。さらに、いまでは、もはやノートPCさえも手放して、ケータイでさまざまな情報のやりとりがおこなわれるようになった。

　このような変化をふまえて考えるとき、従来型の「教室」はいささか窮屈なのではないだろうか。たとえば机の配列は、効率的な情報伝達や授業運営という観点からデザインされていることが多い。階段教室は、イスと机をボルトで固定し、聴衆である学生たちを身動きできなくする。すり鉢状になっていて、教員が学生たちの視線を集めているようには見えるが、実際にはPCやケータイを介して、学生たちの退室を許している。学生たちの態度やモラルの問題なのか、それとも、講義が退屈でつまらないのか。もちろん、すでにさまざまな工夫がなされていることも事実である。ディスカッションや表現に力点を置いたグループワークを中心とする課題に取り組んだり、あるいは、大学の外に出かけてフィールドワークの実習をおこなったり、あたらしい「教室」への志向は少なくない。大学をとりまくまちや地域コミュニティが、「キャンパス」を成り立たせていると考えるならば、まちを「教室」に見立てることもできるだろう。

これまでの10年は、「つながる」こと自体が重要であった。大学は、情報化の先駆けとしての役割を担った。私たちの日常生活のリズムやコミュニケーションのあり方は変容し、あたらしい関係性の結び方も生まれつつある。従来の方法が駆逐されるわけではなく、選択の幅が拡がったということだ。それをふまえて、これからは、「つながりかた」を考えなければならないはずだ。特別な「教室」に鎮座するコンピューターは、ひと頃の魅力を失いつつある。学びという営みも、そもそも、階段教室の机やイスのようにどこかに固定される性質のものではない。むしろ、自宅で寝ころびながら、あるいはまちのなかで、コミュニケーション欲求を満たすことが、求められている。もちろん、遠隔教育や在宅学習の仕組みによって、「キャンパス」が消えゆくとは考えにくい。私たちの「キャンパス」は、このままでいいのか。「いつでも・どこでも」を謳う「ユビキタス社会」における大学は、どうあるべきなのか。

　もし、コンピューターやケータイが本当に私たちの日常生活を変えうるのであれば、それに見合うように、これまでの「キャンパス」をもう一度考え直してみる必要があるだろう。こうした問題意識のなかから、「キャンパス」の外に出かけて、地域コミュニティの人びととのあたらしい関係性を模索しながらすすめる、「キャンプ」という活動の可能性を、本格的に考えるようになった。そもそも、「キャンパス」も「キャンプ」もおなじ語源をもつことにも気づいた。大学における知的活動の本質は、インフォーマルな議論をつうじて、創造的な時間を分かち合うことである。その意味で、「キャンプ」は、あたらしい「教室」をつくることによる、関係変革の試みだと言えるだろう。

3 「キャンプ」を続ける

◆旅は出会いに満ちている

　これまで述べてきたように、「キャンプ」は、ちいさな旅のようなものである。自分が「よそ者」であることを意識しながら「キャンパス」の外に出かければ、ふだん見慣れたまち並みは、旅先で眺める風景として目に映りはじめる。日常生活のなかには、認識していなかった世界への「入り口」がいくつもあるからだ。それを見つけるための方法が、フィールドワークをはじめとする、一連の過程なのである。

　大学生たちのために準備されているのが、「キャンパス」である。かつては、大学生たちは講義の合間に、あるいは講義をサボって、もっとまちを歩いていたように思う。当然のことながら、構内と構外とのあいだには明確な境界が存在しているが、大学をとりまく一帯が、「キャンパス」の一部であるかのように機能していたのである。学生たちは、門をくぐって外に出かけ、まちに育ててもらったのだ。古本屋、喫茶店、居酒屋など、さまざまな場所でまちの人に出会い、言葉を交わし、それがずいぶん勉強になった。もちろん、大学の「教室」で学ぶこととは内容がちがうが、ひとりの人間としての成長に、まちが重要な役割を果たしていた。逆に、まち自体も学生たちと触れ合うことで、その若さや活力を保つことができたし、大学の学事日程が、まちの一年間に季節感やリズムをもたらしていたはずである。このような「キャンパスタウン」としての魅力をもつまちや地域は存在するものの、どうやら最近は少しずつ事情が変わってきているようだ。

　学生も、教員も、なぜかとても忙しい。忙しいこと自体は、悪いこと

ではないと思うが、社会のめまぐるしい変化に合わせるべく、「キャンパス」での生活も、慌ただしさを増しているように思える。学問や調査研究にも、スピードが要求されているのかもしれない。安直に「スロー」を提唱するつもりはないが、いま一度、自分の足でまちを歩き、人びとの暮らしにじっくりと向き合うことが必要だ。社会人ならまだしも、学生たちが忙しくてまちを歩けない、というのは問題ではないのか。いろいろな予定で、24時間が細かく分断されている状況を上手くやりくりして、ちいさな旅くらいは、愉しめるようにしたいものだ。その余裕があってこそ、「よそ者・若者・バカ者」としての真価が発揮できるからである。

　いっぽう、大学の科目編成などは、ひと頃にくらべてかなり流動的に、柔軟になっている。外部から講師を招いたり、あるいは実務経験の豊かな人が教員として着任したりすることは、めずらしくなくなった。テーマにもよるが、外部からやって来るゲストスピーカーの講義は、学生たちに人気がある。ふだんは人がまばらな階段教室も、外部講師の話になると、にわかに席が埋まる。その理由は、もちろん、話の内容や講師の魅力であることは間違いない。そして、おそらくは、現場の話を聞くことができるからである。すでに述べたように、学生たちは、起業や地域活動などに関心をもち、さまざまなかたちで社会との接点を求めている。現場での具体的な事例紹介や成功談などは、学生たちを惹きつける、活き活きとした素材である。同時にそれは、「よそ者」に対する素朴な興味だと理解することもできる。つまり、たんに、外からの刺激を求めているようにも思えるのだ。「キャンパス」に留まってばかりいたら、あたりまえの風景を眺めることしかできなくなる。キャンパスライフは、思っている以上に規則的で、整然と組織化されている。外から「キャンパス」に人を招くばかりで

はなく、私たちのほうから、単調になりがちな毎日を抜け出して、外へ出かけて行くことを、もっと意識してみたい。

　旅は、出会いに満ちている。とりわけ、偶然の出会いや予期せぬ出来事に遭遇することが、その旅を忘れられない経験にする。そして、ある種の驚きや、時には居心地の悪さを感じることが、自分自身を見つめ直す、よいきっかけにもなる。私たちは、たとえば一泊二日でフィールドワークに出かけるような場合には、できるかぎり地元の人びとと接する機会をつくるようにしている。これは偶然の出会いとは呼べないかもしれないが、学生たちにとって、ちがうまちに暮らす人びと、しかも会ったばかりの人びとと過ごす時間は、それなりに刺激的なようだ。大げさに言えば、意見交換会になるのだが、多くの場合、それはリラックスした雰囲気になる。何か、具体的な問題について、決着をつける必要はない。「よそ者」であるからこそ、見知らぬ人と接する機会はきわめて重要なのである。とにかく、「キャンパス」の外で、人と話をしてみることだ。もう一度、まちにいろいろなことを教えてもらうのだ。

　ここまでお膳立てをしなくても、自分の感じるままに、気になる店のドアを開けたり、路地へとすすんでみたりすれば、出会いはある。門をくぐれば、すぐに「キャンパス」の外に出ることができるし、あたらしい世界への「入り口」は、いたるところにある。そのことは、誰もが、理屈ではわかっているようだ。だが、ほんの一言、あと一歩、と思いながらも身体が反応しないのである。頭だけは、身の回りの変化の激しさに遅れないように、忙しく動いているのだが、足まではそれが伝わらない。

　大学生にかぎらず、人との出会いは、時として、自分の人生をも左右することさえある。そのための、ちょっとしたきっかけが足りないのであ

る。学生のためだけではなく、まちや地域のためにも、旅と出会いをどのように誘発できるかが、「キャンプ」に求められている。

◆リサーチキャラバン

　フィールドワークという方法は、まちや地域を知るだけではなく、結局のところ、人との関係性を育むというコミュニケーションの問題として理解することができる。そして、自分たちを取りまく環境が、いろいろな意味で「不完全」だという認識が、旅への欲求になり、人に会うための動機づけになる。

　たとえば、柴又では、二度の調査を経て、柴又の地域コミュニティとの距離が縮まっていった。その過程で、学生たちはフィールドワークにも慣れ、少しずつたくましく見えるようになった。営業活動と呼べるようなことはしていないが、学会やセミナー、勉強会などで、機会があるたびに、私たちの活動を紹介するようにしている。そのおかげで、あたらしい「つながり」が生まれ、つぎの調査へと展開してきた。柴又での調査を機に、金沢市（石川県）、坂出市（香川県）、函館市（北海道）、鹿児島市（鹿児島県）、香取市（千葉県）、豊橋市（愛知県）、小諸市（長野県）、姫路市（兵庫県）へと出かけ、今後も、年に三回のペースで、フィールドワークを実施する計画である。調査の対象となるまちや地域は変わり、また、参加する学生たちの顔ぶれも順番に入れ替わりながら、「キャンプ」という考え方が整理されてきた。訪れた先で出会った人びととの関係性にくわえ、調査と調査のあいだに、メールやウェブを介して、人的ネットワークも拡がった。この先は、大きくふたつの方向性を考えて、「キャンプ」の活動を性格づけていくことになるだろう。

①活動を深める

　まずは、地域に暮らす人びととの関係をさらに育み、深めていくことである。すでに述べたように、「観光客」としてまちを歩くことから接点を持ち、さらに「ぷちインターンシップ」のような試みによって、もう少しだけ「内側」に入ることもできる。だが、フィールドワーク自体は、「よそ者」たちだけの活動に留まることが少なくない。そこで、つぎに目指すべきは、まちに暮らす人びととともにまちを歩き、「グッドプレイス」を探す活動である。私たちが切り取る風景が、地域資源の再発見、再評価につながる可能性はあるが、同時に、地域の人びとから見たまちについても理解することが重要だ。結局のところ、地元に暮らす人びとの想いと行動なしには、まちは変わらないからである。

　こうした問題意識のもと、私たちは、実際にワークショップを企画、運営し、地元の人びとの参加をうながすことを試みた。たとえば柴又では、何回か調査を実施したことがきっかけとなって、「葛飾区産業フェア」という地域のイベントに参加する機会を得た。展示ブースで、私たちの活動内容をパネルで紹介するとともに、参加者を募って、簡単なまち歩きをしてもらうワークショップを実施した。事前の準備や告知が不十分だったため、参加者はわずかであったが、地元に暮らす人びとの視点から、柴又の風景を記録してもらうことができた。具体的には、参加者と学生とがペアを組んで、カメラ付きケータイを持ってまちを歩いた。一緒に歩きながら、気になった〈モノ・コト〉を記録に留める過程は、まさにお互いのイメージのギャップを確認する作業となる。こうしたワークショップの成果をどのようにまとめるかをふくめ、地域との関係を深めていく方法は、さらに検討をすすめる必要がある。地元の人びとの目線でまちの風景を採集

し、編集、意味づけすることができれば、私たちの調査をふり返るために
も役立つ。さらに、昔の暮らしについて話を聞いたり、昔の写真を見せて
もらったりすることで、過去の風景を復元していく可能性も拡がるかもし
れない。

②活動を拡げる

　もうひとつは、私たちの活動を、より多くの地域へと拡げるという方向
性である。つまりそれは、自分の経験として語ることのできるまちや地域
を増やすことである。言うまでもないことだが、それぞれの地域には、そ
れぞれのホスピタリティがある。誰を介して調査が実現したかによって、
私たちの体験はちがったものになる。たとえば柴又や金沢では、民間企業
の友人、知人を介して現場との関わりを持った。坂出では、市役所の人で
あったし、函館ではNPO法人の主宰者が、最初の接点となった。参加す
る学生も入れ替わり、訪れる地域も変わり、さらに一緒にフィールドワー
クを企画、実践する相手も変わるので、地域どうしの比較は容易なことで
はない。残念ながら、いくつものフィールドワークを比べて評価するため
の、便利なモノサシはないのである。

　私たちの目の前にあるのは、学生一人ひとりが、現場で向き合ったエピ
ソードの積み重ねである。だが、その個別具体的な〈モノ・コト〉には、
地域の社会や文化という、さらに大きなテーマの断片が見え隠れする。そ
して、一人ひとりが綴る「物語」のなかには、まちや地域のことばかりで
はなく、学生自身のこと、さらにはその学生が調査をつうじて成長してい
くさまが、埋め込まれているのだ。その意味でも、きわめて個人的だと思
われる発見や気づきを、さまざまな場所で、さまざまなやり方で、丁寧に

⑧函館(2007年11月)

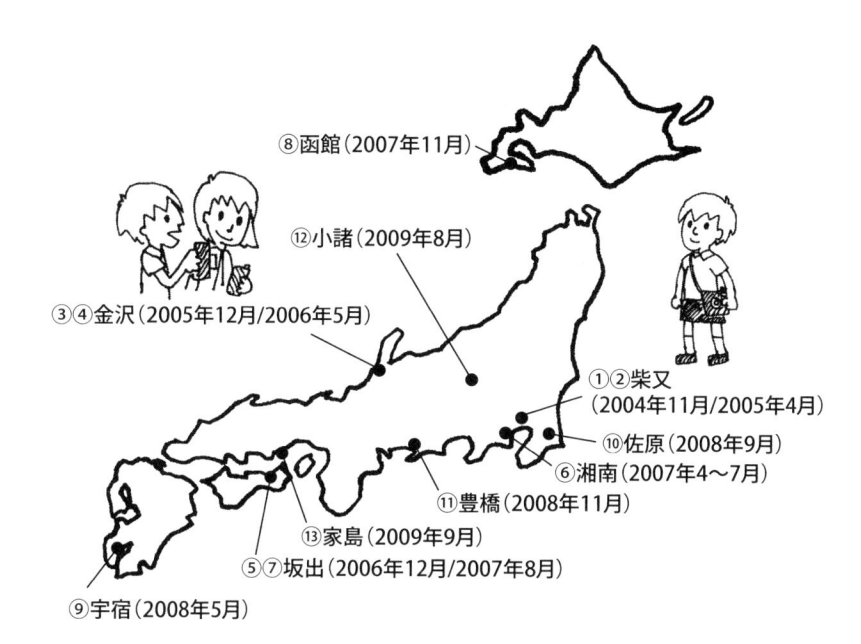

⑫小諸(2009年8月)

③④金沢(2005年12月/2006年5月)

①②柴又(2004年11月/2005年4月)

⑩佐原(2008年9月)

⑥湘南(2007年4〜7月)

⑪豊橋(2008年11月)

⑬家島(2009年9月)

⑤⑦坂出(2006年12月/2007年8月)

⑨宇宿(2008年5月)

〈図5-5　リサーチキャラバン〉

　　　──ゆるやかな「つながり」が、あらたな「つながり」を生み、私たちの「キャンプ」は、さまざまな地域で実現できるようになった。いまは、年に3か所というペースで、各地を巡っている。今後は、訪れたまちの人どうしを結ぶ方法を考えたい。
　　　リサーチキャラバンの経過については、随時、下記のサイトで報告していく予定である。
　　　また、2007年度以降に実施したフィールドワーク(⑥〜⑬)について、概要をまとめ、公開している。それ以前の試みについても、今後、データを整理する予定である。
　　　https://camp.yaboten.net/

積み上げていくことが重要になる。

　これまで実施してきた、一連の調査について話をする機会があると、必ずと言っていいほど、どのようにしてフィールドワーク先を決めるのかをたずねられる。それは、調査対象となるまち自体に、どのような「場所」の魅力を感じているか、という問いなのかもしれない。「なぜ、(わざわざ東京から)ここに来たのか」という問いへのこたえは、とても単純明快で、「ご縁があったから」である。じつは、他にこたえようがない。そもそも、私たちの調査は、何らかの契約にもとづくものではなく、基本的には「ボランティアモデル」によって計画されている。だとすれば、人との「つながり」こそが、そのまちへと足をはこぶ理由になるのだ。幸いなことに、「つながり」が「つながり」を呼び、私たちの「キャンプ」は、もうしばらく続きそうである。一連のフィールド調査が、「寅さんのまち」からはじまったのは、じつは偶然ではないのかもしれない。まさに「フーテンの寅さん」方式でまちを巡る、「リサーチキャラバン」ともいうべき発想が、「キャンプ」の基本的な考え方だからである。

◆長い関わり（long engagement）

　「キャンプ」としてフィールドワークを計画するとき、「キャンパス」から近い地域であれば、定期的に訪れることも可能だが、調査旅行となると、せいぜい一泊か二泊程度の滞在にならざるをえない。そして、「キャンプ」は、解散を前提とした集まりであるからこそ、親密で創造的な時間が流れることを想定している。参加者は、かぎられた時間のなかで、何をするか、何ができるかを思案し、行動に結びつけることを試みる。それをふまえると、私たちは、「キャンプ」の短期集中的な側面ばかりを強調しがちである。

だが、〈いま・ここ〉を尊ぶということは、「その場かぎり」を意味するわけではない。むしろ、密度の濃いコミュニケーションの場は、そのあとも、いろいろなかたちで継続すると考えたほうがよい。「キャンプ」は、そのはじまりになるのだ。まちは、即座に変わるものではなく、ゆっくりと、時間をかけて変わっていく。しかも、まちのいたるところで、じつに多彩な出来事が起きていて、毎日、いくつもの「物語」が綴られている。昔から今に向かって流れてきた時間が、その「場所」に埋め込まれているのである。「キャンプ」という活動も、確実にまちに余韻を残し、社会的な記憶の一部として刻まれることになる。フィールドワークをつうじて見たこと、感じたことを何らかの方法で記録し、その記録を流通可能な形にしておくのは、その記憶を呼び出すためでもある。

　よく、「まちづくりは、人づくり」だと言われる。確かに、物理的な環境を整えるだけでは、まちは活力を持たないだろう。いくら立派な施設をつくっても、そこに行き交う人がいなければ、意味がない。まちを想う人がいて、はじめて、まちに変化がもたらされるのである。いっぽう、どれだけ人ががんばっても、適切な道具立てがなければ、その想いを形にするのは難しいはずだ。つまり、重要なのは、まちと人びとが、相互構成的に「場所」を成り立たせているということである。そして、絶え間ないコミュニケーションが、まちと人をつないでいる。私たちは、フィールドワークをはじめとする一連の活動が、まちにどのような影響をあたえるかを考える。調査である以上、微力ながらも、まちへ貢献したいという気持ちがあるからだ。「よそ者」という立ち位置を謙虚にとらえて、自分たちに何ができるかを思案する。

　だが、そのいっぽうで、私たちは、まちとの関わりによって、人がどう変わったかという観点を忘れがちなのではないだろうか。つまり、「人づ

くりは、まちづくり」なのである。ニワトリか卵か、という議論をするつもりはないが、経験学習の方法として「キャンプ」を構想するとき、まちを「教室」に見立てたとき、人がどのように成長するかという視点を忘れてはならないはずだ。魅力ある「場所」づくりを考える際、人びとの変化が大切なのである。それは、地域の人びとのみならず、「よそ者・若者・バカ者」の変化をもふくめて考えなければならない。まちのために人を育てるというよりも、人のためにまちを育てるというほうが、「キャンプ」について語るにはふさわしい言い方かもしれない。

　人が、お互いを見守りながら成熟していくのとおなじように、人とまちも、一緒に歳を重ねる。文化人類学的な観点から、日本人のライフコースを研究したデイビッド・プラースの『日本人の生き方』のなかに、つぎのような一節がある。

　「……したがって人間の成長は、半ば他者に、とりわけ身近な関与者たち（consociates）に依存している。……あなたがいつかどこかでたまたま出会う人びとを「接触者たち」（associates）と呼ぶなら、ある期間にわたって、しかもある程度の親しさをもって、あなたが関係を保つ人びとが「関与者たち」である。それは、友人、恋人、親類、同僚、クラスメートなどから成る。比喩的にいえば、それは、あなたの存在と成長の道程を検討し確認するために特別陪審員として選任された人びとである。もし彼らに言及しなければ、あなたの伝記（生活史）はほとんど意味をなさないだろう。それゆえ「関与者たち」は、私たちにとって最も基本的な社会的資源であり、同時に最も基本的な社会的拘束でもある。私たちはいわば相互に成長しあうのである。」（井上俊・杉野目康子訳）

これまでの「つながりかた」		あたらしい「つながりかた」
問題解決	⟷	関係変革
ビジネスモデル	⟷	ボランティアモデル
調査者	⟷	関与者

〈図5-6　あたらしい「つながりかた」を考える〉
　　　──「調査者」として、事前にあたえられた問題の「こたえ」を探すことが求められている場合には、「契約」関係を結んでおくほうが、効率的でわかりやすい。一連の「キャンプ」の試みをつうじて、あたらしい「つながりかた」の可能性がわかってきた。それは、「関与者」になることを目指し、ボランタリーに関わりながら、人と人とのゆるやかな連係を生み出すものである。

　この「関与者」という考え方は、私たちの活動を性格づける上で示唆に富んでいる。「キャンプ」の、即時即興的な側面を強調しすぎると、まちでたまたま会った人びととの関係に注目しがちである。だが、たとえば、ほんの半日程度の職業体験でも、それは「接触者」としてではなく、「関与者」になる可能性を実感する体験であってほしい。他者でありながらも、少しでもお互いを気にかけるような間柄を築くきっかけになればと期待するのである。密度の濃い、親密な「場所」として「キャンプ」を設計することができれば、それは強固な「つながり」を生む。私たちは、まちと一緒に育つ。結局のところ、長い関わりを築いていくというスタンスが、まちや地域の変化へと結びつくのではないだろうか。

きっかけがあれば、私たちは、人を、あるいはまちを想うことができる。たとえば、親子の愛情をモチーフにした歌を聴いただけで、思わず実家に電話をしてみたくなることがある。部屋の片づけで出てきた一枚の古写真が、鮮明な記憶を呼び出すこともある。まちや地域との関係性を育むためには、つねに近くにいたり、頻繁に足をはこんだりする必要はない。そもそも、さまざまな理由で、それが叶わないことのほうが多いかもしれない。私たちは、離れていても、遠いまちを想うことができる。それは、ボランタリーな、ゆるやかな結びつきであるからこそ、長く続けることのできる関係である。「キャンプ」という特別な時間をつうじて、まちの「ファン」になれば、遠くに暮らす誰かの「ファン」になれば、それは、「関与者」として成長しあう間柄になるということである。日常生活のなかで、社会的資源としての「関与者」と、どれだけ出会うことができるかが、まちにとって、私たちにとって、重要な意味をもつのではないだろうか。

6 フィールドワークの「創造力」

◆成果を地域に還すということ

　私たちは、ここ数年間のフィールドワークの試みをつうじて、「キャンプ」という学びの場をデザインする方法について考えてきた。毎回、出かけた先々でいくつもの発見や気づきがあるが、そのなかで、あらためて重要だと感じるのは、フィールドワーカーとしての責任に関わる問題である。それは、「キャンプ」に参画することによって、私たちが向き合い、体験的に学ぶべきふるまいである。「キャンプ」における活動内容ばかりではなく、自分の関わり方についてふり返ることを忘れないようにしたい。安渓遊地は、『調査されるという迷惑』のなかで、「調査成果の還元」をめぐるさまざまな問題に触れている。なかでも、私たちが、「調査」という旗印を掲げてまちや地域に赴くとき、すでに、その時点で人びとの暮らしに少なからず干渉しているという問題は、あらためて考えてみる必要がある。たとえば、人に話を聞いたり、写真を撮影したりという、フィールドワークにおける一連のふるまいは、いわば基本動作としてほとんど疑うことなく実行に移されているが、私たちは、多かれ少なかれ、人びとの生活に干渉せざるをえない。

　程度の差はあっても、「キャンプ」をつうじて、私たちにとっての「非日常」をつくり出そうと試みるとき、まちに暮らす人びとの日常を変容させてしまうという構造的な問題を、どう理解すればいいのだろうか。「調

査者」あるいは「研究者」という立場(そしてその立場を表明すること)には、いったいどのような意味があるのだろうか。滞在中は、さんざん質問しておいて、ひとたび調査が終わると、後から、報告書が送られてこない。それ以前に、お礼の手紙さえ送られてこない「被調査者」たちが少なくないのが現状だという指摘もある。安渓は、私たちが、人文科学ならぬ「尋問科学」を実践してはいないか、みずからの言動を批判的にふり返ることの重要性を指摘しながら、以下のように問いかけるのである。

「研究者の側にも事情はある。例えば論文というものは堅苦しくつまらない形式の物であって、これが教えていただいた内容です、といって村人に送って、はたして意味があるのだろうかという悩みである。土地の人からは、何度もこうやって調べに来るけれど、調べて何がわかったのか、わしらにはちっとも教えてくれんじゃないか、と言われて、調査した後つねに返すことのできない借りをかかえているような気分に陥ってしまうのである。

なぜ、論文という「堅苦しく」「つまらない」形式のものばかりを生産する苦行にいつまでも耐えなければならないのか。むしろ、研究者自身が既成のアカデミズムの壁をやぶり、内容だけでなく発表の形式をも変えていくように、調査地の住民に励まされているととらえるべきではないのか。」

この一節は、フィールドワーカーの口から語られているからこそ、余計に重く感じられる。研究者、調査者の事情はあるにせよ、内容や発表形式について、私たちは、もっと自覚的であるべきだ。私たちは、成果の還元

について考え、この問題に向き合うための実践を「キャンプ」に組み込むことを試みている。たとえば中吊り広告は、実際に暮らしのなかで電車を利用する人びとにメッセージを届けるための「堅苦しくない」「おもしろい」媒体だと考えて、実現させた発表の方法である。ポストカードも、コンパクトで配布が容易なことから、多くの人の手に渡る可能性に期待できる。さらに、写真や動画の共有サイト、ケータイ等を活用すれば、内容や発表の形式は、もっとさまざまな拡がりをもって考えることができるはずだ。この一節を励みに、内容はもとより、発表の形式をも変えていくことに挑戦したい。

確かに、中吊り広告やポストカードといったモノをつくることが、研究者としての価値を高めるかどうかはわからない。むしろ、「堅苦しく」「つまらない」形式のもの（もちろん、アカデミズムの状況も変化しているので、すべてが「堅苦しく」「つまらない」わけではないが）を生産しなければ、研究者としての評価を得るのは難しいのかもしれない。そして、そもそも「研究室」として、まちや地域に関わるためには、調査・研究としての価値を認めてもらわなければ、はじまらない。調査という営みが、まちに暮らす人びとに何らかの意味をもたらすために、適切な内容の整理や発表の方法を考案する必要がある。だが、この問題に取り組むにあたって重要なのは、たんにことなる内容や発表の形式を準備して、「読者」に合わせて器用に使い分けるだけでは十分ではないということだ。読み手に応じて、内容や発表の方法を変える工夫をするだけでは、ことなる立場の人びとを出会わせることはできないからである。「キャンパス」と「キャンプ」との相補的な関係性を考えるのと同様、調査成果の還元という問題をつうじて、これまでにはなかった人と人との出会いやコミュニケーション

聞かれる
撮られる

聞く
撮る

〈図6-1 「調査者」としての自分について考える〉
　　——カメラをさげて、名札や腕章をつけただけで、「調査者」としての特権があるかのように錯覚してしまう。

のあり方について考える必要がある。

　私たちが見知らぬまちに出かけて、「キャンプ」を実践するためには、自分たちが「何者」であるかをわかりやすく示しておくことが求められる。すでに述べたとおり、大学の研究室による調査であること、あるいは大学生であることが、安全な実習の実現に貢献しているようだ。だが、私たちは、知らず知らずのうちに、その「よそ者・若者・バカ者」という身分を、いろいろな意味で便利な「力」として感じるようになる。たとえば、フィールド調査をする際には、所属や名前を明記した名札を首からぶら下げて歩くことが多い。まちの人びとに警戒されないため、危なくないため、という理由で配っているのだが、いっぽうで、その名札が、フィールドでの私たちのふるまいに影響をあたえる。大げさに言えば、たった一枚の名札が、私たちの人格を変容させうるのである。「大学の調査研究の一環です」というフレーズが、相手を安心させ、心を開くことはあるが、それを、私たちが特権的な立場を獲得したことと錯覚してはならない。名

札が、人文を「尋問」に変えてしまうことがあるのだ。プロ仕様のビデオカメラを持っただけで、私たちは、いとも簡単に、一方的に「聞く権利」を得たかのように思い込んでしまう。人びとの日常生活のリズムに介入することの意味を、つねに意識しながらフィールドワークをすすめることが、私たちにできること（つまりは、できないこと）を際立たせることになる。「調査成果の還元」は、簡単なことではない。この、繊細かつ難解な問題に、自覚的に向き合う姿勢は、まさに「キャンプ」において培われるのである。

◆「ちいさなメディア」の役割

　ここ10年のメディア環境の変化にともない、「オンメディア」、そしてその対概念としての「オフメディア」という言葉をよく耳にした。それは、デジタルメディアの需要、普及にともなって社会が大きく変わりゆく、というメッセージを直感的に伝えるための便利な言葉だった。当然のことながら、人によってとらえかたはさまざまであるが、「オンメディア」という言葉をもちいるとき、暗黙のうちに、いくつかの対比をおこなっているようだ。

　まず「オンメディア」は、「デジタル」「インタラクティブ（双方向）」という言葉とともに語られ、ウェブに代表されるような電子メディアを想起させるものとして位置づけられてきた。それに対して「オフメディア」は、「アナログ」で「一方向（一方通行）」で、プリントメディアは古い、という感覚に結びつくことが少なくない。2000年前後から議論となった「デジタルデバイド」の問題も、どうやらこのような対比と連動していたように思える。デジタルメディアに関わるリテラシーが、さまざまな可能性を拡げることはおそらく間違いないだろう。しかしながら、そのことと〈オン＝オフ〉〈電子メディア＝プリントメディア〉の対比については、も

う少し慎重に考えてみる必要があるのではないだろうか。というのも、も し何らかのデバイドがあるとするならば、それは〈デジタル＝アナログ〉 というデバイドではなく、〈オンメディア＝オフメディア〉というデバイ ドなのではないかと思えるからである。

　まわりを見渡してみると、じつは「アナログもデジタルも」という人が 少なくない。もちろん、日常生活のなかでどのようなメディアにどのよう に接触するのか、その組み合わせや頻度、密度などはじつに多様である。 しかしながら、「メディア的（メディア好き）」ともいうべき人びとは、 新聞も雑誌も本も映画もビデオもテレビもインターネットも、というよう に、さまざまなメディアに積極的に接触し、場合によっては消費するだけ ではなく「つくる」ことにも意味を見いだしている。マニア的にある種の メディアについて特化している人もいるが、オンメディアな志向を持つ人 にとっては、もはやデジタルかアナログか、という区別自体はさほど意味 を持たないのである。つまり、メディアへの接触（あるいは、メディア的 に〈モノ・コト〉を見たり考えたりするという感覚）が重要なのであっ て、そのためには、まず〈デジタル＝アナログ〉という二分法的な発想か ら脱却する必要がある。さらに、最近では、デジタルメディアを活用しな がらも、手触り感を実現させようという試みがなされている。

　日常生活における、私たちとメディアとの関わりについて考えるための 入り口として、「ちいさなメディア」というコンセプトを使ってみたい。 ここで言う「ちいさなメディア」とは、物理的なサイズ（表示サイズ）、 そして流通範囲や作成コストなども、相対的にちいさなメディアである。 たとえば、ポストカード、アドカード、グリーティングカード、フリーペー パー、ステッカー、小冊子、チラシ、名刺、ウェブ上の写真アルバム、

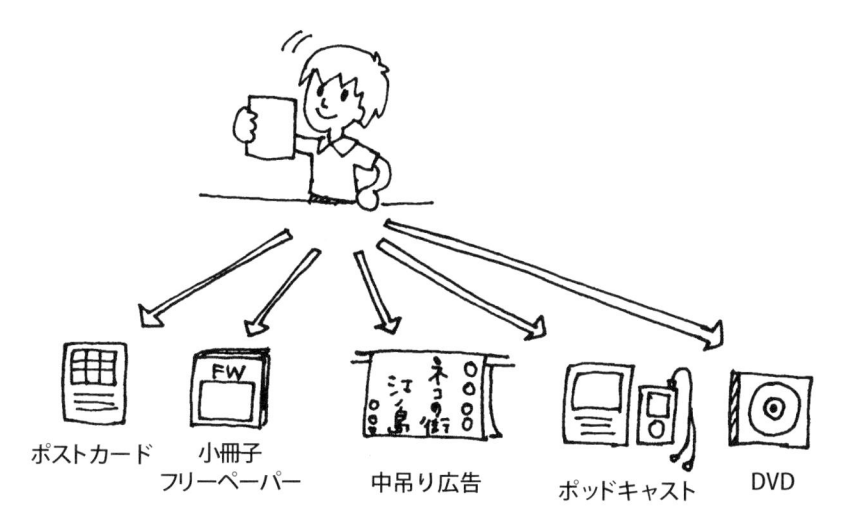

〈図6-2 「ちいさなメディア」は、作成が容易である〉
　　　——フィールドワークをつうじて収集したデータを加工・編集して、さまざまな「ちいさなメディア」をつくる。場合によっては、複製されることを前提としてデザインされる。

ポッドキャスト、ビデオクリップ、メールマガジン、ケータイ漫画、ケータイ小説などを指す。私たちが、「キャンプ」をつうじて生み出す成果は、「ちいさなメディア」とも呼べるものであるが、以下のように性格づけることができる。

① **作成が容易である**

　まず、私たちが考える「ちいさなメディア」は、作成が容易だという点が特徴的である。「キャンプ」のように、かぎられた時間のなかで制作されるので、それは、必然的に手作り感のあるものに仕上がることが多いが、そもそも、私たちはプロのデザイナーではないのだ。現場で自分た

ちの目で見て、身体で感じたことをわかりやすく表現するために、「ちいさなメディア」を作成すればよいのである。もちろん、近年のメディア機器の高機能化のおかげで、まずまずの見栄えのものをつくることができるようになった。ひと頃にくらべれば、私たちのデザインに対する意識はずいぶん高まっており、それに応じて成果物にも、それなりのクオリティを求めるようになっている。手作りとはいえ、コミュニケーションへの欲求や意識が高ければ、おのずとメッセージ性に富んだメディアとして形になり、時と場合をえらべば、ある程度の実用に耐えうるものもできあがる。

　部分的には印刷や製本などで、専門の業者に外注することはあるものの、「ちいさなメディア」を作成する際には、私たち自身がほぼ全体の工程に関わる点も重要である。まちに出かけ、フィールドワークをおこなうところから、完成したものを、ふたたびまちに還すところまで、一連の過程に関わることができる。こうした関わりは、自分の表現、つまりどのように「世界」を提案するかについて、自らが責任を負うことの重要性を再認識させてくれることにもなる。こうした、手仕事の直接的な経験は、少部数、小規模であるからこそ可能になる。

　また、作成が簡単だということは、複製も比較的容易だということを意味している。もう一歩すすんで、私たちが作るべきなのは、むしろ、複製されることを歓迎し、類似のものの作成を促すような成果物であることが望ましいと言ってもいい。成果物でありながら、作成マニュアルやひな形のような役割を担うのが理想である。ふつうの人びとが、みずからの暮らしを見つめ直し、それを自分たちの言葉で語り、何らかの形をあたえるために「ちいさなメディア」が役立つのであるから、何よりも、関わる人を増やすことを目指すべきだ。誰もが、心理的な抵抗や技術的な制約を気に

することなく作成できるような、適切な仕上がりについて考えておくことが重要である。いずれにせよ、「キャンプ」をつうじて生まれるのは、まちを訪れた大学生が、半日ほどかけてつくることのできる程度のクオリティのものである。まちや地域を理解するための方法やノウハウ、実践の事例は、誰かが独占的に囲い込むのではなく、できるかぎりオープンにすることが大切だ。「ちいさなメディア」は、誰もが自分の「物語」を綴ることができるような、身近な存在として考えてみたい。

②持ち運びが可能

「ちいさなメディア」のもうひとつの特徴は、できあがった成果物を比較的容易に持ち運べるということである。これは、文字どおり「ちいさい」ということによって実現する。「キャンプ」の考え方で発想すれば、私たちは、積極的に教室やオフィスの外へと向かうことになるのだから、その成果が、室内に固定されたり、特別な扱いを要求されたりするようなことがあっては、困るのだ。さらに、上述のように、積極的に複製してもらい、より多くの人の目に触れるよう広く流通させることを目指すのであれば、フィールドワークの成果は、書架やファイルキャビネットから解き放たなければならない。まちで発見したこと、気づいたことは、まさにその現場で感じるのが理想なのだ。私たちは、「キャンプ」の成果をポストカードや小冊子、パンフレットのような形でまとめることが多いが、これらはいずれも簡単に持ち運ぶことができる。そして、場合によっては、あたらしく出会った人に、名刺代わりに小冊子などを渡すこともある。制作コストの問題はあるが、できるかぎり、機会があるたびに配布するようにしておけば、誰かがまた、べつの場面で私たちの活動を紹介してくれる可

〈図6-3　「ちいさなメディア」は、持ち運びが可能である〉
　　　——できるかぎり持ち歩いて、より多くの人の目に触れるようにする。

能性も高まるはずである。

　もちろん、「ちいさなメディア」は紙媒体にかぎられるものではない。写真も動画も、いまではケータイや音楽プレイヤーに保存して、気軽に持ち歩くことができる。アルバムとして、ウェブで公開しておけば、後から見てもらうことも容易だ。いずれにせよ、「ちいさなメディア」は、自分たちの活動を知ってもらうための、ポートフォリオとしての役割も果たす。

　持ち運びや配布が容易だという特質に関連して、あらためて気づいたこともある。すでに紹介したとおり、この5年ほど、私たちは、全国各地を巡りながら、行った先々で「キャンプ」の実践を試みてきた。いろいろな「つながり」が生まれて、そのご縁で私たちの取り組みについて話をする機会もできるようになった。こうしたセミナーや集まりのときには、参考資料を配ることがあるが、どうやら「ちいさなメディア」は、従来の資料とはちがった意味合いをもつようだ。通常のA4サイズの紙が文字だけで

埋められていたり、あるいは発表用のスライドがそのまま縮小されて並んでいたりという資料は、会合が終わったあとに、部屋に置き去りにされていることがある。資料としての価値や魅力に乏しい、ということなのだろう。

　もちろん、資料の価値や魅力は、見かけだけで決まるものではないが、デザイン性を高めて、もう少し広い観点から配布や流通を想定し、「ちいさなメディア」として作成した資料は、置き去りになることはない。「ちいさなメディア」をつくるという発想自体が、私たちのプレゼンテーションや資料づくりに向き合う姿勢に影響をあたえているのかもしれない。再利用や複製、人から人へと手渡されていくような性質を想定することで、「ちいさなメディア」の価値をさらに高めることができるだろう。

③眺める（話の種になる）

　持ち運びが容易になると、できあがった成果物を、みんなで眺めることができるようになる。ポストカードの束をカバンに入れておけば、それを取り出して机の上に並べるだけで、いつでもフィールドワークの経験について語ることができる。あるいは、ケータイなどの液晶画面で、ビデオを見ながら話をするのもいい。私たちの活動を、「ちいさなメディア」に凝縮しておき、それを持ち運ぶことで、さまざまな場所で自らの活動をふり返ったり、あたらしい可能性について思いをめぐらせたりすることができる。

　もうひとつ、「ちいさなメディア」を性格づける上で重要だと思われるのは、その消費や視聴のスタイルに関わる側面である。前述したように、「キャンプ」の過程では、自分の「見え」を対象化し、一歩引いたところから、自分の立ち位置をふり返ることが重視される。一人でじっくりと読

み返すひとときは、学びのプロセスには不可欠だ。だが同時に、私たちの活動は、人に語ること（語ろうとすること）によって、考えが整理されたり、あたらしい意味づけに気づいたりもする。「ちいさなメディア」は、配布して、持ち帰ってもらうばかりでなく、誰かと一緒に眺めるためのメディアとしても機能する。

　たとえばケータイは、通話や通信機能を持ち合わせているという意味で、コミュニケーションのための「道具」である。だが、もうひとつ、「話の種（conversation piece）」としての意味合いも無視できない。もっとも単純には、何らかのメディア（機器）を持っているということ自体が、コミュニケーションのきっかけをつくるからだ。これは、誰かに会ったとき、時候の挨拶にくわえて、たとえば、髪型や服装について話題にするのと似ている。「新製品を買った」あるいは「機種を変更した」など、カバンやポケットからケータイを取り出して、相手に見せただけで、私たちのコミュニケーションが促進されたような経験はないだろうか。

　おなじように、私たちが「キャンプ」で作成した「ちいさなメディア」は、会話をうながす働きをする。私たちのフィールドワークでの体験は、とても豊かで起伏に満ちている。わずか一泊二日の滞在であっても、ふだんとはちがう時間が流れ、さまざまな刺激を受ける。「ちいさなメディア」として形にする際、私たちは、その「厚い」経験を凝縮するのである。誰かにその経験を伝えようとするとき、ひとたび圧縮された情報が、コミュニケーションをつうじて解凍される。写真を指さしながら、あるいはビデオを再生しながら、私たちはフィールドワークの「物語」を語るのである。

　また、ふだんはそれほど意識しないことかもしれないが、誰かと一緒に

〈図6-4 「ちいさなメディア」は、「話の種」になる〉
　　　——みんなで眺めることで、コミュニケーションがうながされる。

囲んだり、のぞき込んだりするメディアは、私たちの座り方や相手との距離感を調整する役割を果たす。単純なことながら、ポストカードや、ケータイのちいさな画面を一緒に眺めることになれば、物理的な距離はちょっと近づくことになる。向かい合うよりも、隣に座ったほうが、心地よいと感じられることもある。手渡して、実際に触ってもらう、あるいは回覧する。「ちいさなメディア」は、人と人との距離感の調整を、比較的自然な形で実現することができる。

◆「キャンプ」で学ぶ

　結局のところ、私たちは「キャンプ」をつうじて何を得るのだろうか。まだ発展途上の試みではあるが、「キャンプ」は、私たちの感性を養い、人間的な成長をもたらす「場所」として考えることができる。すでに述べたように、「キャンプ」は、「まちづくりは人づくり」ではなく、「人づく

りはまちづくり」という発想から出発している。つまり、まちを「教室」に、あるいは「教科書」にして、学ぶ試みなのである。単純なことながら、実践の現場を「キャンパス」から「キャンプ」へと移すだけで、向き合うべき課題の多さに気づくことになる。いささか窮屈だと思えた「キャンパス」が、じつは、高度に組織化された場所だということを、あらためて認識する。それでもなお「キャンプ」が魅力的なのは、それが、自分たちの生活に密着しながら、智恵や知識を活かす体験を提供してくれるからである。

　近年、ビジネスの分野で、フィールドワークやインタビューを中心とする定性的な調査への関心が高まっている。人類学や社会学の立場からおこなう、エスノグラフィーと呼ばれる観察やインタビューの方法によって、人びとのふるまいを定性的に理解しようという試みである。たとえば、ごく最近、ビジネス雑誌で「マーケティング・エスノグラフィー」という特集が組まれた。それは、従来型のアンケート調査などではなく、少数を対象に「狭く深く」アプローチすること、詳細な記述をつうじてアイデアを整理していくやり方などが、ビジネスでも役立つという認識にもとづいている。些細なこととして思われがちだった、私たちのちょっとした会話や、日常生活にとけ込んだ行動パターンなどをつぶさに観察し、消費者の実態を理解しようと試みるのだ。

　感度のいい企業や組織は、すでにずいぶん前から、エスノグラフィーの重要性を認識し、取り入れている。海外などでは、文化人類学や社会心理学などの分野で博士号を取得したような人材が、エスノグラフィーの専門家として雇われ、私たちの生活を深く理解すべく、フィールドワークをすすめている。とくに、あたらしい商品やサービスの考案は、地道なフィー

ルドワークやインタビューによって得られた知見が活かされていることが少なくない。ようやく日本の企業も、フィールドワークやインタビューといったアプローチの可能性について、目を向けはじめたようだ。

　だが、学生たちも、そして、学生を評価する側（たとえば、企業の採用担当者）も、フィールドワークの可能性をまだ十分に理解していないように思えることがある。フィールドワークを実践する能力を持った人材が、どのような場面で、どのように活躍しうるのか。これについては、まだまだ議論さえ不足している。とくに、ビジネスの文脈で語ると、どうしても、「これは、どのような効果があるのか」「これによって、何が変わるのか」と問われることが多い。さらには、「これは、どのくらい儲かるのか」という直接的な成果に関わるような質問（じつは、要求でもあるのだが）を突きつけられることにもなる。人びとを理解する方法を変えても、依然として「ビジネスモデル」の発想からは脱却できないためである。とくに注意が必要なのは、あたらしい商品やサービスの企画、開発のためにフィールドワークが実践されるような場合である。商品やサービスを提案し、それが「売れる」ことを説得するための調査としてフィールドワークが実施されると、性急に結論づけたり、なかばこじつけで正当化を試みたりすることが大いに起こりうる。そのような場合には、フィールドワークの良さやアプローチとしての強みが、かえって誤解されてしまうことになりかねない。

　「キャンプ」というアプローチは、そもそも即効性のある「処方箋」を生み出すものではない。むしろ、地道に続ける「健康法」のようなものであろう。毎日の生活のなかで、意識的に非日常的な時間と空間をつくり、見慣れた風景、情景をあらためて見つめ直してみる。続けていれば、日常

〈図6-5 「キャンプ」で学ぶ〉
——「キャンプ」をつうじて思考と行動を一体化させ、たくましい自分をつくる。

　生活の微細な変化にも気づくようになるし、それが愉しさとして、実感できるようになる。また、先入観をできるかぎり持たずに現場に赴くという姿勢は、やがてはたくましさになり、あたえられた状況に向き合いながら、目の前の問題に対処する力に変わる。まちや地域に関わる諸問題にかぎらず、簡単に結果が出ること、目に見えることは、それほど多くはない。フィールドワークは、問題を確認したり、検証したりするよりも、気づきや発見のために有用なアプローチなのである。
　見知らぬまちに出かけ、誰かに出会い、関係を築いてゆくことは、じつは、さほど難しいことではない。世知辛いと言われても、「つながり」を求めている人は少なくないはずだ。すでに、みずからの工夫によって、あたらしい関係性を築き、自分のスタイルで表現を試みている人は数多くいるにちがいない。「キャンプ」をつうじて、私たちは、フィールドワークの経験が唯一無二であるということを、あらためて学ぶ。そして、つぶさな観察を習慣づけることによって、ちいさきもの、ささやかなものへのまなざしが育まれることを体感する。「キャンプ」は、私たちの、あたらしい「つながりかた」を考えるためのアプローチなのである。

おわりに
――そして「キャンプ」は続く

　学生たちとともに柴又に出かけ、カメラ付きケータイを持って、フィールドワークをおこなったのが、ちょうど5年前の秋である。当初は、もっぱら、あたらしい社会調査のための道具として、カメラ付きケータイを活用することに関心があったのだが、やがて、この実践を続けていくためには、もっと多くの事柄を考えなければならないことに気づいた。

　本書で述べてきたように、「キャンプ」は、学習環境のデザイン、あたらしいメディアの活用、グループにおけるコミュニケーションといったテーマを複合的に考える機会を提供してくれる。もちろん、まちづくり、地域づくりといった領域とも関連がふかい。重要なのは、これらのテーマを個別に扱うのではなく、一体的にとらえ、全体像を考えながら実践を構想するという姿勢だ。フィールドワークにおける活動の設計は、どこで、誰と、どのような道具（メディア）を使うかという文脈から、切り離して考えることはできないし、あたらしく登場するメディア機器は私たちユーザーが意味づけし、その居場所を獲得していく。さらに、人が関わる活動であるから、コミュニケーションや表現のあり方についても考えておかなければならない。

　つまり、「キャンプ」という「場所」をどのようにデザインするかとい

う問題は、全体像や文脈のなかで、私たちの日常生活を理解しながら取り組むべきものなのである。全体の状況を熟知することこそが、本当に大切な〈モノ・コト〉を見極める、たくましさにつながるはずだ。

　本書は、2004年の秋から実践してきたフィールドワークをふり返りながら、まとめたものである。執筆にあたって、これまでに訪れた場所で、じつに多くの方々にお世話になった。「よそ者」である私たちを、快く受け入れていただき、あらためて、人と人との「つながり」の大切さを実感した。一人ひとりのお名前を挙げることはできないが、ここに感謝の意を表したい。

　そして、何よりも、ともに「キャンプ」に出かけた学生たちに感謝しなければならない。「キャンプ」という試み自体が発展途上であり、また、経験学習の考え方に根ざしているので、いつも試行錯誤の連続である。学生たちは、私のちょっとした思いつきで、時としてかなり無茶な課題に取り組まざるをえないのだ。ゼミの活動だと言いながらも、いろいろな実験に、つき合ってもらっている。また、本書のイラストは、卒業生の稲田桃子さんにお願いした。「キャンプ」の経験者だったので、私の言わんとすることを素早く汲み取って、イラストを描いてくれた。おかげで、愉しい本になった。

　カメラ付きケータイが登場して以来、あたらしい社会調査の可能性について考え、さまざまな実験を試みてきたが、フィールドワーク等でカメラ付きケータイを活用するというアイデアは、ここ数年にわたる「ケータイに関する学際的／複合的研究」という研究プロジェクト（株式会社エヌ・ティ・ティ・ドコモとの共同研究）での議論のなかで、整理されていったものである。

慶應義塾大学出版会の及川健治さん、清野雄太さんには大変お世話になった。「キャンプ論」というテーマは、いささか突飛で、そもそもどういう種別の本になるのか、わかりづらいことを承知で、刊行まで丁寧にサポートしていただいた。心から感謝したい。

　これまでの「リサーチキャラバン」の多くの部分は、現場の流れにまかせて、その都度いろいろなことを考えながら、すすめてきた。私にとっては、一つひとつの試みが、とても貴重な学習の機会となり、徐々にアイデアが整理されていった。もちろん、さまざまな試みは、思うように行かないことも少なくないのだが、つねに、人と人とのコミュニケーションのあり方について、考えてきたつもりだ。現場のおもしろさ、〈いま・ここ〉の大切さを言い訳に、ついついまとめるのを後回しにしてしまい、あっという間に時間が過ぎてしまった。だが、47都道府県に出かけていくことを目指す私たちにとって、訪れるべき場所はまだまだたくさん残されている。本書は、ひとつの通過点なのだ。私たちのフィールドワークの計画も、「キャンプ」をめぐる議論も、もうしばらくは続けなければならないだろう。

　　2009年9月　　　　　　　　　　　　　　　　　　　　加藤文俊

〈参考文献・資料〉

●おもな参考文献

内田樹（2008）『街場の教育論』ミシマ社
梅田卓夫（2001）『文章表現：四〇〇字からのレッスン』ちくま学芸文庫
海野弘（2004）『足が未来をつくる：〈視覚の帝国〉から〈足の文化〉へ』洋泉社
Oldenburg, Ray. (1989) *The Great Good Places.* New York: Marlowe & Company.
川喜多二郎（1967）『発想法：創造性開発のために』中公新書
川喜多二郎（編著）（1971）『移動大学：日本列島を教科書として』鹿島出版会
國領二郎（編著）（2006）『創発する社会』日経BP企画
Kolb, David. (1984) *Experiential Learning: Experience As the Source of Learning and Development.* New Jersey, Prentice-Hall.
Kolb, Liz. (2008) *Toys to Tools: Connecting Student Cell Phones to Education.* Washington, International Society for Technology Education.
今和次郎（1987）『考現学入門』ちくま文庫
佐藤郁哉（2006）『フィールドワーク（増訂版）：書を持って街へ出よう』新曜社
清水義晴・小山直（2003）『変革は、弱いところ、小さいところ、遠いところから』太郎次郎社
宣伝会議（2005）『実践!!モバイルリサーチ：携帯電話がリサーチを変える』宣伝会議
ハワード・シュルツ＆ドリー・J・ヤング（1998）『スターバックス成功物語』日経BP社
ミハイ・チクセントミハイ（1996）『フロー体験：喜びの現象学』世界思想社
橋本義夫（1978）『だれもが書ける文章：「自分史」のすすめ』講談社現代新書
ドロレス・ハイデン（2002）
　　『場所の力：パブリック・ヒストリーとしての都市景観』学芸出版社
ダニエル・ピンク（2006）『ハイコンセプト：「新しいこと」を考え出す人の時代』三笠書房
デイビッド・W・プラース（1985）『日本人の生き方：現代における成熟のドラマ』岩波書店
ジェフリー・フェファー＆ロバート・サットン（2005）
　　『実行力不全：なぜ知識を行動に活かせないのか』ランダムハウス講談社

ケン・プラマー（1991）『生活記録の社会学：方法としての生活史研究案内』光生館
パウロ・フレイレ（1979）『被抑圧者の教育学』亜紀書房
フレドリック・ヘレーン（2005）『スウェーデン式　アイデア・ブック』ダイヤモンド社
ジョン・ヴァン＝マーネン（1988）
　　『フィールドワークの物語：エスノグラフィーの文章作法』現代書館
松田美佐・岡部大介・伊藤瑞子（編）(2006)
　　『ケータイのある風景：テクノロジーの日常化を考える』北大路書房
ジェームス・W・ヤング（1988）『アイデアのつくり方』阪急コミュニケーションズ
ジョージ・リッツァ（1999）『マクドナルド化する社会』早稲田大学出版部
宮本常一・安渓遊地（2008）
　　『調査されるという迷惑：フィールドに出る前に読んでおく本』みずのわ出版
好井裕明（2006）『「あたりまえ」を疑う社会学：質的調査のセンス』光文社新書

● 「キャンプ」の実践についての新聞掲載記事（2009年8月30日現在）
信濃毎日新聞（2009年8月4日付）
　　小諸で開いた俳句祭　慶応大生が魅力取材　瓦版発行　祭参加者に好評
東愛知新聞（2008年12月1日付）
　　歩いて探した豊橋の魅力　市電の「中吊り広告」で発表
東愛知新聞（2008年11月23日付）
　　街歩きで「豊橋の魅力探し」市電沿線をフィールド調査　中吊り広告で発表
南日本新聞（2008年5月19日付）　宇宿商店街の温かさ収録　慶大生16人がCM
西日本新聞（2008年5月18日付）
　　よそ者の視点で宇宿商店街PR　社会調査実習　慶大生ビデオ制作
函館新聞（2007年11月20日付）　函館の日常　学生の視点で
北海道新聞（2007年11月20日付）　函館の魅力　「中吊り」に
四國新聞（2007年8月5日付）
　　「よそ者」視点生かしまちの魅力CMに　人のぬくもり，祭りの熱気…

湘南経済新聞（2007年7月14日付）
　　江ノ電車内で中吊りギャラリー，慶応大SFC学生が成果発表で
四國新聞（2006年12月10日付）
　　慶大ゼミ生が坂出探索　外からの視点でまちの魅力発見
日経産業新聞（2006年5月29日付）
　　パステルラボ　障害者支援事業を拡大　音声案内装置，慶大と研究
日本経済新聞（2006年5月29日付）［産学協同］障害者の生活を支援
日本経済新聞（2006年5月23日付）
　　パステルラボ　障害者支援事業を拡大　「道を音声案内」慶大と研究
北國新聞（2006年5月22日付）
　　市中心商店街　「耳で聞く地図」収録　慶大生と視覚障害者ら
北國新聞（2006年5月11日付）
　　街歩きに音声ガイド　20日から慶大生　香林坊，堅町など収録
北國新聞（2005年12月18日付）
　　カメラ携帯で魅力撮影　慶大生調査，地元も参考に
ニッキン（2005年4月29日付）　亀有信金　「柴又」の活性化支援
　　慶大などと産学官で観光振興：携帯カメラで"実生活"撮影
朝日新聞（2005年4月22日付）
　　柴又の温かさ　店で働き実感　慶大生，プチ職業体験
日本経済新聞（2005年4月22日付）
　　柴又の店PR，慶大生協力　カメラ付き携帯の写真を絵はがきに
朝日新聞（2005年2月18日付）
　　携帯で撮影，柴又応援　「寅さん後」を慶大生が探す
読売新聞（2005年1月25日付）
　　［こだわりワーク事情］街おこし，観光名所発掘…地域の魅力は学生に聞け！
日本経済新聞（2004年11月9日付）
　　柴又観光に慶大生が新風，亀有信金，助言生かし活性化－脱「寅さん頼み」

加藤文俊（かとう　ふみとし）
慶應義塾大学環境情報学部教授。慶應義塾大学大学院政策・メディア研究科委員長。京都生まれ。慶應義塾大学経済学部卒。ペンシルバニア大学大学院、ラトガース大学大学院修了（Ph.D.）。専門は、コミュニケーション論、メディア論、定性的調査法（エスノグラフィー）。著書に『ワークショップをとらえなおす』『会議のマネジメント』『おべんとうと日本人』『つながるカレー』（共著）ほか。
研究室 URL　https://fklab.today/

キャンプ論　あたらしいフィールドワーク

2009年11月5日　初版第1刷発行
2020年4月20日　初版第2刷発行

著　者――――加藤文俊
発行者――――依田俊之
発行所――――慶應義塾大学出版会株式会社
　　　　　　〒108-8346　東京都港区三田 2-19-30
　　　　　　TEL〔編集部〕03-3451-0931
　　　　　　　〔営業部〕03-3451-3584〈ご注文〉
　　　　　　　〔　〃　〕03-3451-6925
　　　　　　FAX〔営業部〕03-3451-3122
　　　　　　振替　00190-8-155497
　　　　　　http://www.keio-up.co.jp/
装　丁――――鈴木　衛
印刷・製本――港北出版印刷株式会社
カバー印刷――株式会社太平印刷社

　　　　　　© 2009 Fumitoshi Kato
　　　　　　Printed in Japan　ISBN978-4-7664-1695-4